教育的智慧

爱是点亮，不是给予

肖远骑 著

新 华 出 版 社

图书在版编目（CIP）数据

教育的智慧：爱是点亮，不是给予 / 肖远骑著. --
北京：新华出版社，2022.9
ISBN 978-7-5166-6398-1

Ⅰ. ①教… Ⅱ. ①肖… Ⅲ. ①教育工作－文集 Ⅳ.
① G4-53

中国版本图书馆 CIP 数据核字（2022）第 154584 号

教育的智慧：爱是点亮，不是给予

作　　者： 肖远骑

出 版 人： 匡乐成　　**出版统筹：** 许　新
责任编辑： 徐　光　刘宏森　　**封面设计：** 郝薇薇

出版发行： 新华出版社
地　　址： 北京石景山区京原路 8 号　　**邮　　编：** 100040
网　　址： http://www.xinhuapub.com
经　　销： 新华书店、新华出版社天猫旗舰店、京东旗舰店及各大网店
购书热线： 010-63077122　　**中国新闻书店购书热线：** 010-63072012

照　　排： 刘岩松
印　　刷： 天津文林印务有限公司

成品尺寸： 155mm×225mm　1/16
印　　张： 18.75　　**字　　数：** 210 千字
版　　次： 2022 年 10 月第 1 版　　**印　　次：** 2022 年 10 月第 1 次印刷

书　　号 ISBN 978-7-5166-6398-1
定　　价 58.00 元

序

做教育的智者

李连宁

肖远骑老师是北京市中学语文特级教师，他曾工作的中国人民大学附属中学是“国内领先，国际一流”的著名中学。在名校的讲台上，肖老师精心耕耘，做学生的青春领航人。退休后，他继续在教育园地里播撒种子，先后在上海、南京创办未来学校。

我和肖老师相识还是在 21 世纪初，当时我在教育部工作，到他们学校参加教育、教学活动，他当时担任学校的副校长。现在，我们都退休了，在一些会议上时有相遇，多有交流，我对肖老师也有了新的认识，他在《教育的天空》里放飞美丽的梦想，在《教育的瞭望》里介绍世界教育的风光，在《教育的尺度》中研究教育的艺术，干出了一流的业绩，我为他的教育情怀而骄傲。

2022 年，新冠肺炎疫情期间，肖远骑老师在家笔耕不辍，完成了新作《教育的智慧：爱是点亮，不是给予》，让我先读，嘱托我写一篇序言。我把自己读后的感想献给各位，并十分期待与大家一同分享肖老师的教育智慧。

翻开肖远骑老师的《教育的智慧：爱是点亮，不是给予》，你会领悟什么是现代教育：教育是心灵与心灵的沟通，灵魂与灵魂的交融，人格与人格的碰撞。学校要成为“学问的故乡”“精神的家园”，“教师要做有勇气的知识分子”；“教师的身上要有时代的年轮，要学会站在教育战略的制高点上思考问题。教师要有主心骨，不跟风，多一点哲学思考，多一点文化判断力。教师不能只埋头上课，要抬头仰望，要打造自己的精神家园，这样才能办有思想的教育”。

翻开肖远骑老师的《教育的智慧：爱是点亮，不是给予》，你会感受什么是书生本色，他诗意地栖居在语文的讲台上，他的心态永远充满阳光。闲暇时，捧一杯热茶，静静地想，深深地思，认真地写；旅途中，借一双慧眼，认真地看，虚心地学，虔诚地问。于是，有了《站在讲台上，我就是语文》《从高考作文想到创新人才的培养》……他以坚定远大的理想励志前行，以孜孜不倦的精神求索新知，以高尚美好的情操培养品德，以锐意进取的激情投身实践，以艰苦扎实的奋斗成就人生。

翻开肖远骑老师的《教育的智慧：爱是点亮，不是给予》，你会理解一个教育人的梦想：他说：“一个人有梦想是幸福的；有了梦想，有机会，有一个平台，能去为实现梦想而奋斗是幸福的；有了梦想，能与志同道合的人团结在一起，共同为实现梦想而奋斗是更幸福的；当看到曾经的梦想如今开了花，并有希望长成参天大树，那是最最幸福的！”这就是一个痴迷于教育的人的情怀。

《教育的智慧：爱是点亮，不是给予》一书就事说理，深入浅出，生动而有趣，让你在不知不觉中明白其中的道理。书中部分文章散见于全国的各类教育刊物，几乎每篇都被国内的多种媒体转载。肖老师在这本书里传递着这样的教育信念：赏识、关爱、信任、尊重、理解、激励、宽容、期待。读着这本书，感受着一个个亲切的教育故事，体味着一句句充满理性思考的至理名言，体验着为人师、为人母、为人父的教育历程，会给人诸多启发。这些教育案例，无一不倡导“没有爱，便没有教育；没有兴趣，便没有教育”的教育思想。肖老师强调教育学生要十分讲究方式方法，教师要充盈着一颗爱心，把爱心的光芒洒到每一个学生的心田，让思想与思想撞击出火花，架起心灵与心灵沟通的桥梁，一起拉响生命的琴弦，这才是成功的教育！

这是一本让学生获得学习乐趣的书，是一本让家长明白育人智慧的书，是一本让教师领悟教学艺术的书，还是一本体验心理学奇妙运用的书！在《教育的智慧：爱是点亮，不是给予》里，你会看到最美丽的云彩，你会享受到最温暖的阳光，你会找到最合适的教育方法，你会收获最卓越的教育成果！

2022 年 8 月

（本序作者曾任教育部部长助理、基础教育司司长，全国人大常委会委员、法律委员会副主任委员）

目 录

自序　教育呀教育，有多少人能读懂你 ··· 001

PART 1

教养有度：

告别焦虑，做恰到好处的父母

— Chapter 1 —

称职父母：家庭是孩子成长的底色

做家长是场没有彩排的演出 ··· 005

把你的爱藏起来一半 ··· 010

培植“绿色”的家庭情感 ··· 015

先谈规矩，再谈自由 ··· 018

不做孩子快乐生活的终结者 ··· 023

影响我们一生的亲子关系 ··· 028

— Chapter 2 —

看见孩子：唤醒父母的教养直觉

优等生不是靠比出来的 ··· 037
我们都是不完美小孩 ··· 042
强制服从不如传输价值观 ··· 047
叛逆其实也是好的开始 ··· 052
教育是一种唤醒与点亮 ··· 057
为孩子种下爱学习的“种子”··· 062

— Chapter 3 —

行为引导：教给孩子“打怪升级”的法宝

兴趣是孩子成长的动力 ··· 071
让追星成为一种正能量 ··· 075
找到属于自己的“赛道”··· 079
放手，让孩子学会逆流而上 ··· 083
经历磨难是对孩子更高的保护 ··· 087
远行，把世界“植入”孩子的心中 ··· 091

— Chapter 4 —

发现自我：唤醒孩子内在的力量

孩子都是一粒种子，只是花期不同 ··· 097
自信的孩子会“发光”··· 101
努力成为自己的“盖世英雄”··· 105
别在该奋斗的年纪选择安逸 ··· 109
真正的敌人，是没有坚强的信念 ··· 113
年轻的大脑天生就要探索 ··· 117

PART 2

教学有方：营造开放互动的学习氛围

— Chapter 5 —

教育机智：促进孩子成长的基本能力

修炼冷静理性，让孩子静下来 ··· 125
培养解惑思维，让孩子说起来 ··· 130
保持沟通的顺畅，让孩子动起来 ··· 135
捕捉细微的信号，让孩子笑起来 ··· 140
碰撞变通的火花，让孩子嗨起来 ··· 144

— Chapter 6 —

教学成长：好老师会影响孩子的一生

没人喜欢一个“雕像”老师 ··· 151
讲孩子更容易听进去的内容 ··· 156
会讲故事让课堂更有趣味性 ··· 162
教室就是出错的地方 ··· 167
从烦琐的课堂模式中解脱 ··· 171
让孩子活力四射的课堂文化 ··· 175
不妨开一次“无轨电车” ··· 180

— Chapter 7 —

魔力语言：开启智慧的神奇“秘诀”

用热情唤醒每一粒“种子”··· 187
语言决定着学习积极性 ··· 192
语调保证着信息接收率 ··· 196
无声的语言更具有吸引力 ··· 201
幽默是课堂气氛的“魔法棒”··· 206

— Chapter 8 —

减法教育：“大语文”时代，让孩子爱上阅读

“大语文”时代已悄然来临 ··· 213
把语文课教成最轻松的课 ··· 217
别让历史成绩变包袱 ··· 222
作文教学的基点定位在哪里 ··· 226
高考作文教学症结在哪里 ··· 232
对话，阅读教学的新思考 ··· 237

— Chapter 9 —

学习不止：做有思想的人，教有灵魂的课

智育，为生命描绘美好 ··· 245
培养有思想有心灵的孩子 ··· 250
创造的棱角不应被磨平 ··· 256
让每一朵花都能尽情绽放 ··· 261
做一个有格局的阳光之师 ··· 266
智慧教育时代的教学新思维 ··· 273

后记 ··· 279

自序

教育呀教育，有多少人能读懂你

前段时间，我参加了一个论坛，结束之后心情十分复杂。一直以来，始终有一个问题萦绕在我的心头：在当下这个人人都可以对教育说上几句的时代里，到底有多少人真正读懂了教育？

教育行业现在很热闹，全社会都非常关注，从“双减”开场，现在又提出“双增”，从“人工智能”到“元宇宙”，“AI”还是“VR”……但是，不管出现多少新名词、采取多少新举措，都离不开我们对教育的真正理解！

教育说简单也不简单。我认为教育不是单一地加加减减就能做好的事，不能用两分法或黑白思维。素质教育的落实，也不是简单的加几节劳动课、体育课、美术课、书法课、中医药知识课就能实现的。什么缺了就加什么？教育不能这样理解。时间是一个常数，人生旅程虽漫长，但也有限。教育要从为党育才，为国育人的高度去深思熟虑！好比美育，它培养的是一个人的审美修养，美好是从心灵开始，所以美育要贯穿整个教育链条，不是加几节美术课就能解决的。体育也是如此，良好的体质、体格和体育精神，来自健康的心理和体质，来自良好的生活习惯，不是一朝一夕可以解决的问题。因此，教育人，千万不能“减单”思维！

对当下的教育，我有几点小看法：

第一，警惕“双减”中教育的“钟摆思维”。

“双减”的本质是“双提升”：提升教育质量，提升育人品质。落实“双减”，关键在增效。要提高课堂内的教学效率，减轻学生的课外学习负担。双减，不是不要负担，不要考试，自古而今，学习需刻苦精神。所以要杜绝钟摆思维，不能走极端：作业也不布置了，考试也取消了，一味满足学生快乐！这是片面理解“双减”。

教育改革的方向是教育要与时代发展对接，更要与儿童成长规律对接。要遵循教育规律，所以在改革中要处理好放手与放任的关系，活泼与安静的关系，投入与产出的关系，一阵子与一辈子的关系。教育战线必须全面贯彻党的教育方针，坚持立德树人，着力解决教育中的功利化、短视化做法，从过于注重分数中解放出来，全面关注孩子心理和健康人格的养成。在这里，“双减”只是手段，不是目的，“双减”的根本目的只有一个，就是促进学生更加健康、更加全面、更加主动、更加有活力地发展。

第二，课程建设既要有世界视野，更要有中国精神。

在引进国际课程时，要从中找到有价值的先进课程体系、课程元素，将其迁移、改造并运用到适合我国学生培养的课程建设中，为我们培养现代建设人才服务！要走引入与融合，改造与创新的道路。课程样态的丰富与多元，要从构建未来人才的核心素养思考，从群体课程走向个体课程，从分科课程走向整合课程，从闭合课程走向开放课程。

课程改革，任重而道远！哪怕是最优秀的学校，恐怕也是处在起跑阶段！不要盲目乐观，课程建设要科学落地，方便操作，循序渐进。

第三，教育不仅要改变学生，更要说服家长，还要影响社会。

学校、家庭和社会对教育的理解要与时俱进，这样才可让教育人静静思考，推进发展。家庭教育应以立德树人为根本任务，践行社会主义核心价值观，弘扬中华民族优秀传统文化、革命文化、社会主义先进文化，使未成年人养成崇德向善的良好社会公德、家庭美德、个人品德意识和法治意识等。

教育的落后是教育思想的落后，是教师素养的落后！教师成长是教育发展的关键。警惕教育的过度装饰，更要警惕教育的过度社会干预！教育是中医的活儿，要学会望闻问切！教育人要学习静态知识书本知识，还要学习动态知识和社会创新的知识！

第四，教育要植入现代教育技术。

数字化（智慧）校园当然也是智慧教育的组成部分。智慧教育以立德树人为根本任务，以学习者为中心，以智能技术赋能教育变革，促进教育教学模式的深层次变革，全面提升教育服务能力，推进教育治理体系和治理能力现代化，形成智能时代泛在灵活、满足个性化需求的教育新生态。这是智慧教育的基本形态和重要意义。

教育智能化产品，要从“有”向“好”再向“智化”发展，让教育人感到有用、好用再向想用、智用发展！教育智慧产品要解决兼容问题，让大家有相同的平台、相同的软件、共通共享的硬件。教育的高速路要能通行不同型号的车辆！

第五，学校的文化生态空间，要真正实现对孩子的精神关怀。

教师要有大师人格、大家气质！教师的成长，关键在于要在工作中时刻抱有问题意识、理论意识和方法意识！只有不断在教育实践中研究积累，学习教育哲学，才能总结提炼，形成自己独特的教学风格！

第六，要高度重视童年价值，童年不幸福，会给人生留下阴影。

要努力延续童年精神，我们的社会才能真正走向健康！教育的目标应该是培养健康、善良的生命，活泼、智慧的头脑，丰富、高贵的灵魂。如果这样，我们的教育就真正成功了。

当下，广大教育工作者要实现的目标其实只有一个，那就是培养学生的必备品质和关键能力！必备品质和关键能力从何入手培养？怎么操作？教育可以百花齐放，百家争鸣，但我看来，如果教育能够培养我们的孩子愿意表达，放开声音自信地表达，且落落大方进退有度，我们的素质教育就扎扎实实地迈出了一大步。这就是文化自信！

从教育的目标来看，语言表达能力是现代人才必备的基本素质之一。在现代社会，由于经济的迅猛发展，人与人之间的交往越来越频繁，语言表达能力的重要性也日益凸显。作为现代人，我们不仅要有自己的思想和见解，还要能在别人面前很好地表达出来；不仅要用自己的行为对社会做出贡献，还要用自己的语言去感染、说服别人。

从学习的效率来看，学生在学习过程中的认知模型是：听讲，学习内容平均留存率5%；阅读，学习内容平均留存率10%；试听，学习内容平均留存率20%；演示，学习内容平均留存率30%；讨论，学习内容平均留存率50%；实践，学习内容平均留存率75%；教授给他人，学习内容平均留存率90%。可见，学生的认知留存率最高的是教授他人，因为当学生教授他人时，不仅要理解知识，而且要学会整理归纳，思维反复碰撞后会对知识有更深刻的理解。因此，即使是单纯追求学习效率的学校，也应把学生表达放在首位。在各种教学方式综合运用中，尽量增加学生表达的权重，是有效教学的必然途径。

从教学的方式来看，课堂提问是学生回答问题最常见的教学方式，但很多教师对这种教学方式理解不够深刻，操作不够到位。什么样的提问才是有效的呢？一是教师上课提出的问题，看似是问某个同学，但实质是提给全班的，全班同学都应该在想，这个问题我该怎么回答。二是学生回答问题，看似是和老师对话，其实是这个学生在和全班对话，其他同学也在他的回答中学到好的方法，发现存在的问题。因此，课堂提问回答问题的同学必须落落大方，打开声音，让全班的同学都听到，那些只有附近的人和老师能听到的回答，是教学方式的严重错误，是在浪费大多学生宝贵的课堂时间，是课堂教学中必须纠正的错误现象。

总之，不管是为了实现教育的目标，提高课堂学习的效率，还是改进科学的教学方式，我们都必须培养学生落落大方、打开声音去表达。各种资料中都有培训的办法和角度，其实，解决方法无须那么复杂，如果我们所有教师，从孩子上幼儿园开始，就让孩子站得笔直，打开声音，到高中毕业，十多年的历练，每个孩子都会落落大方地表达自己。这看似简单，做到却不易，但如果所有的教育工作者一起坚守，素质教育真的就迈出了可喜的一大步。

教育改革路虽远，行则将至；事虽难，做则必成！用双脚丈量大地，我们豪情满怀；用翅膀分割蓝天，我们壮志凌云。没有比人更高的山，没有比脚更长的路，挑战自我，放大生命光芒。在教育改革的大潮中，期待教育人的贡献！

肖远骑

2022年8月

Part 1

教养有度：告别焦虑，做恰到好处的父母

教 育 的 智 慧

Chapter 1

称职父母：家庭是孩子成长的底色

做家长是场没有彩排的演出

家庭是教育孩子最重要的场所，家长是孩子最忠实的老师。

对于很多只有一个孩子的中国父母来说，做家长是场没有彩排的演出，他们在教育孩子的方面毫无经验可言。

社会学家赫伯特说过：“一位好父亲，胜过一百个教师。”事实正是如此。教育孩子要有耐心，和孩子一起走过他的孩提时代和青春岁月，虽然也有被气得失去耐心的时候，然而，孩子会在不知不觉中向我们展示生命中最初和最美好的一面。孩子的眼光是率真的，孩子的视角是独特的，家长不妨放慢脚步，把自己主观的想法放在一边，陪孩子静静体味生活的滋味。

对于家庭教育，我的理念是：孩子的事没有小事，有些事会影响他的一生。孩子的成长只有一次，能伴随孩子的成长，并为他倾心付出的时间可能就那么一段，机会失去了，再也找不回。因此，我期待所有的家长都能成为孩子的知音，成为孩子亲密的朋友。

爱因斯坦是 20 世纪物理学两大支柱之一的相对论的创立者，可他小时候是一只笨拙的丑小鸭。

小时候的爱因斯坦，不仅开始说话的时间晚，而且语言迟缓，动作笨拙。

上学以后，他的成绩很一般，要记忆的功课，如拉丁语、英语、生物学等，成绩都不理想，老师也觉得他出息不大。

1895 年，爱因斯坦报考苏黎世联邦工业大学，考试结束后他成了落榜者。

落榜后，他并不气馁，而是为自己制订了一个计划，重点学好数学、物理，一定要考上苏黎世联邦工业大学。

为此，他刻苦学习，努力实践，不久果然如愿以偿，考上了大学。

大学毕业后，他又开始了新的探索，终于在 1916 年正式发表了广义相对论，成为与牛顿、哥白尼一样熠熠生辉的科学家。

可见，从小学到大学再到成才，爱因斯坦一直是被老师瞧不起的丑小鸭。然而，就是这只丑小鸭，却成了物理学的大师，成为物理学革命的领袖人物。

人们会问，他是怎么成才的呢？他的成才，是僵化的教育制度的哺育成果吗？他成才的诀窍，是教育学、人才学研究需要关注的一个问题。

以下是我从中归纳的几个要点，供大家参考。

第一，爱因斯坦的成才，得益于家庭教育弥补了学校教育可能造成的心理缺陷。

学校里老师一而再，再而三地认为爱因斯坦是个不会有出息的孩子。老师的不喜欢和歧视，必然会给他带来心理阴影。这种心理阴影可能使他无所作为，在困难面前畏畏缩缩，成为一个缺乏独立思想、缺乏主见的人。幸亏，民主和丰富的家庭教育抚慰了小爱因斯坦受伤的心灵，让他仍然是个精神健康的孩子。

每次父亲到学校去，听到老师对自己孩子的批评和残酷的评价后，他从没有拿孩子出气。而有的父亲在看到孩子的成绩没有达到自己期望的优良水平时，就会大声责骂，甚至还会打孩子。听到老师如此评价自己的孩子后不大发雷霆的父母是很少见的，但是，爱因斯坦的父母小心地呵护着儿子的心灵。

可以说，没有父母对他的爱护，在陈旧的教育制度下，在老师粗暴的打击下，小爱因斯坦的创造性的萌芽很可能被完全扼杀掉。他的成才，真可以说是一种奇迹。

第二，爱因斯坦的成才，得益于良好的非理性思维的教育。

爱因斯坦在家里受到了良好的音乐教育，这对于他的形象思维能力的提高起了相当重要的作用。

爱因斯坦的母亲有很好的音乐才能，从 6 岁起，她就教爱因斯坦拉小提琴。音乐成了爱因斯坦重要的休息方式和思维方式。

在创立相对论的日子里，休息的时候，他就拉小提琴。拉琴的时候，他也在思考。音乐锻炼了他的形象思维能力，激发了他的想象力。

爱因斯坦曾说，想象力比知识更重要，知识是有限的，而想象力可以弥补知识的不足。良好的音乐教育，对于他想象力的发展，起了良好的催化作用。他运用思想实验的方法构造相对论，研究同时性这样深刻的理论问题，都离不开丰富的想象力。

第三，爱因斯坦的成才，得益于家庭教育培育的自学能力和钻研精神。

童年时期，父亲曾送给爱因斯坦一个罗盘，告诉他罗盘的指南性。爱因斯坦被罗盘迷住了，对罗盘进行了反反复复的测试，无论罗盘放在什么地方，它的一个指针总是指向南方。

他设想了种种原因来说明它为什么指向南方，他曾设想罗盘中有一个小人把握着它的指向。对罗盘的指南性的兴趣和探索，成为他童年进行的一项科学研究项目。

爱因斯坦 12 岁那年，他的叔叔雅各布送给他一本欧几里得几何学。他通过自学，掌握了它的一些内容。他经过刻苦钻研，独立证明了毕达哥拉斯定律。正是这本书激发了他对数学的兴趣，激发了他的自学能力。他对问题的寻根究底，他自学的能力，都是在家庭教育中培育的。

他感到，自然界里有一种不以人的意志为转移的规律，它们平时看不见，但是存在着，不时地表现着自己。一个直角三角形，无论你怎样看，怎么也看不出斜边的平方会等于两条直角边的平方之和。但是，人的理性可以发现并证明它。

逻辑的力量是多么强大啊！他开始懂得，人的感觉只能发现世界的表象，只有理性才能发现世界内在的规律，而要有所发现，必须探究和思考。

可以说，家庭教育承担起了让爱因斯坦成才的主要任务。良好的家庭教育发展了他的智慧，保护了他的创造精神，培育了他独立思考的能力和探索未知世界的浓厚兴趣。

教育心语

人这一生，会经过三个层面的教育：家庭教育、学校教育和社会教育。学校教育和社会教育都有时效性，家庭教育却贯穿我们一生。好的家庭教育向来是有见识、有温度、有尺度的。好的家庭教育，是一笔没有额度限制的精神财富，会指引孩子走上更好的人生之路，成为更好的自己。

把你的爱藏起来一半

在培养孩子的过程中，大人和孩子都要学会爱。有些家长经常以为自己爱孩子、爱父母、爱伴侣、爱他人，却忽视了只有用心接收到，心里感受得到的才叫爱。某个行为叫不叫爱，爱是由接受的人决定的，而不是由给予者决定的。

我们有爱，但是有爱和有能力给予爱是两回事；我们想去爱，但是想爱和能爱是两回事；我们能够给予爱，但是能够给予爱和能够给予高品质的爱又是两回事。生活中，伤害我们最深的人，往往是我们最亲最爱的人；反过来，我们伤害最深的人，也往往是我们最亲最爱的人。因此，我们要有爱、想爱、能爱、去爱、会爱。孩子心中有爱才会有阳光，否则，他们情感的天空总是阴沉沉的。

有人统计过，中国的孩子每天家务劳动的时间平均只有 12 分钟。难道是我们的孩子比较懒吗？不是。是中国的家长太勤劳，包办代替得太多，是我们做家长的不让孩子做，不教孩子做。

我在江苏的一所小学讲课时，对五年级的学生进行问卷调查，在“是否自己背书包”这一项中，有 27.6％的学生回答，上学五年来从没自己背过书包。

一个春天的早晨，天空下着小雨，我在一所小学门口看到的情景让我至今难忘。

当时，正值孩子们上学，有一个男孩正朝他的妈妈大声地吼着，我走近他们身边，看到这位妈妈一只手为孩子撑着雨伞，另一只手为他拎着饭盒和水杯。

只见这个男孩瞪着双眼，气愤地对妈妈说："你傻呀！上学不知道拿书包，还不快点回家取去！"原来是妈妈忙得忘了给孩子背书包。妈妈急匆匆地向着家的方向跑去，男孩嘴里还在嘟囔着什么……

我看到这位母亲远去的背影，心里为她充满了担忧，担心她将来老了该怎么办。但愿我的担忧是多余的。

有一年高考，一个考生的妈妈坚持要进考场，因为她要帮助女儿找厕所。还有一位武汉的研究生不会剥鸡蛋，因为他从小吃的都是妈妈已经为他剥好了皮的鸡蛋。

虽然这几个例子有些极端，但也反映出了我们家长的包办代替到了何种程度。由此，我想到粟裕教育孩子重在自身努力的故事。

粟裕在战场上叱咤风云，教育自己的孩子，也实施着特殊的"战略"。

粟裕爱孩子，他只要有空，就总是和孩子们一起聊天，说笑话，有时还和他们一起去打靶、比射击……对孩子的教育，他潜心地实施他的教育"战略"。

粟裕的儿子戎生3岁时，有一天，粟裕约夫人楚青带着戎生去散步。当走到一个小水塘前时，粟裕拿出一节事先准备好的竹筒塞给儿子，说："抱紧了，跳下去。"并猛然抱起孩子把他抛进水里。孩子吓坏了，但因抱着那节竹筒，很快就浮了起来，粟裕鼓励他："不用怕，自己游！"戎生只好自己抱着竹筒乱扑腾……楚青关切地说："你就不怕淹着他吗？"粟裕胸有成竹地回答："就是要这样把他扔进水里，要不然他老是学不会。"

有一次，粟裕把一支玩具小手枪送给才五六岁的儿子，希望他能成为一名战士，成为一名合格的军人。后来，粟裕又想方设法让孩子到最危险、最艰苦的地方去锻炼。戎生从哈尔滨军事工程学院毕业以后，没有进大机关，也没有留在大城市，而是到了边防部队的一个导弹分队当了排长，过了四年艰苦紧张的生活，而当这支部队调回内地的时候，恰逢东北边境形势紧张，燃起了战火。粟裕又毅然把戎生送到了东北前线。

不久戎生回家探亲。回家一次不容易，他想放松一下，内务也不整理了。一天，戎生正在院子里和别人说话，听到父亲在叫他，就赶快进了屋子。粟裕一脸严肃，批评他说："你这是怎么搞的，鞋子乱放，没有个规矩！"他知道父亲的脾气，就说："不是在休假吗？我平时不是这样的。""什么是平时？现在就不是平时？""我在部队不会这样的。"粟裕很不高兴，说："你马上把鞋子放好！"看到父亲那严整的军容，戎生还能说什么呢？他也深深理解了父亲的苦心，父亲就是从战士做起，一步一个坎坷，一步一个脚印，终于锤炼成为一名合格的军人。

环顾我们周围，以养宠物的方法养孩子的家庭比比皆是。有些孩子，尤其是独生子女，都是被"宠物化"的孩子。从小到大，父母几乎“包办”了他们的一切，穿衣服、洗脸、洗脚、挤牙膏等事务都由父母全权代劳。

父母对孩子百般呵护，小心照顾。但是有一天，父母忽然发现：孩子越来越像一只宠物，失去了独立解决问题的能力，更不知道什么是自信、独立。这种将孩子“宠物化”的教育模式，不是一种健全的爱。

高尔基说：“爱孩子，是老母鸡都会做的事。”所以，如果我们给予孩子过分的爱，便混淆了人与动物的区别。

我们总是说要好好爱孩子，可是总在不知不觉中溺爱孩子，孩子要什么就给什么，不问原则对错。久而久之，孩子觉得被爱是应该的，父母做什么都是应当的。因此，很多人成年之后还理直气壮地啃老，认为从父母那里得到东西是理所当然的，只知索取，不知回报，更不懂关心和感激他人。

有时候别人不懂得心疼你，不是因为你付出得太少，而是你付出过多。同样，孩子也不是天生的“白眼狼”，而是父母无限度给予的结果。

聪明的父母应学会适当地放手，在五彩斑斓的人生中，不是居高临下，俯身教诲，而是站在孩子身旁，与其肩并肩、手挽手，陪伴他们走过精彩的一程。

我们既是孩子的引路人，也是孩子的同行者，教育的成功不是培养出一个乖巧听话的宠物，而是帮助孩子在自主的成长中找到自我，收获自尊自信，拥有独立的人格和开阔的人生！

从今天起，把爱藏起来一半，让孩子也学会爱与给予，懂得责任与担当！

教育心语

父母无条件地爱着孩子，世界上无人可比，但是爱孩子要“为之计深远”。当孩子长大后参加工作、自己组成家庭时，想想看，谁能像父母那样爱他、包容他？父母要做到科学地、理智地爱孩子。不要那么浅薄和外露，把你的爱藏起一半，让他从小经受各种挫折。毕竟不经风雨，不见彩虹。

培植“绿色”的家庭情感

我们已经发现，在现实生活中，每家每户家庭教育的水平和效果差别很大，许多父母困惑于自己很努力，为什么孩子却不理解、不配合，为什么不能获得预想的结果？

有位教育家说过：“没有教不好的学生，只有不会教的老师。”形成家教差别的因素有很多，归结起来是缺少“三力”——精力、毅力和能力。有些父母总是说自己工作太忙，没有时间去教育孩子。还有的父母凭着自己的兴趣和心情来对孩子进行教育，高兴时无条件地满足孩子的要求，不愉快时孩子的合理要求也被拒绝。更重要的是，每个人在做父母之前都没有学习过家庭教育知识。

在现实生活中，由于父母不懂得如何科学地爱孩子，往往是从爱出发，却给孩子带来伤害。

一个休息日，爸爸和儿子在家，这时家里来了一个客人，于是爸爸和客人聊起了天。

外面天快下雨了，男孩想要去室外玩球。爸爸对抱着球的儿子说：“不能出去玩！”儿子说：“我就玩一会儿。”爸爸回答道：“我说不行就不行！”又转身和客人聊起了天。

于是，孩子在爸爸不注意的时候偷跑了出去，没过多长时间孩子就被雨淋得像落汤鸡一样跑回了家，冻得直打哆嗦。

父亲看到后，上去朝儿子的屁股就是重重的一巴掌，并说：“我不让你出去，你就是不听话，你这样的孩子就得要打！”孩子哭着跑回了自己的房间。

其实，这个爸爸不让孩子出去玩是怕下雨淋湿了孩子，他应该跟孩子讲清楚。孩子已经被雨淋透还冻得一直在打哆嗦，爸爸就不要再教训孩子了，而是应该帮助孩子换掉被雨淋湿的衣服，让他尽快暖和过来，然后再给孩子讲道理，这样效果会很好。可这位爸爸由爱出发，最后导致的却是伤害。

在孩子的成长过程中，父母应该做加油站，而不是拦路虎。在现实生活中，大多数父母在不知不觉中就充当了三只拦路虎，即负向教子、包办代替、急于求成。

我曾经看到一条消息，深圳一位母亲暴打自己 3 岁的孩子。看后，真令人揪心，由此我不禁思考一个问题：孩子，你究竟属于谁?

我们要明白，孩子不是父母的私有财产。未成年人的身体健康、生命、人格尊严都受到法律的保护，任何人都不能侵犯，包括他们的父母。

家庭暴力不仅仅给孩子带来皮肉之苦，有时候还会对孩子的内心造成永久的创伤，甚至导致其长大后行为扭曲。

孩子现在虽然还小，但随着年龄的增长，自尊心会越来越强，打孩子，尤其是当着其他人打孩子，会使孩子的自尊心受到严重的损伤。这样做只会让孩子从逆反、对抗发展到破罐子破摔。而且，经常挨打的孩子性格容易变得暴躁，长大后也更具攻击性。

当孩子与他人相处不尽如人意或遇到某些不良刺激的时候，潜意识就会用攻击性行为来解决问题。很多孩子最终走上犯罪道路与父母小时候的打骂不无关系。

这就要求父母在教育孩子时平衡奖励和惩罚的关系，避免过度。并且，惩罚必须有一贯性，必须及时、迅速，同时让孩子有安全感。针对孩子的不良行为进行惩罚，而不是孩子本身。简单地说，惩罚之后父母要告诉孩子惩罚的是他的行为，爸爸妈妈还是爱他的。

成功者有方法，失败者有原因。孩子的问题在父母那里准能找到答案，也就是孩子“有病”，父母应该“吃药”。所以，掌握科学的育子观是从根本上、源头上解决问题。

教育心语

孩子的生命当然是父母给的，但是父母只是给他生命，就像猴子繁衍小猴子、蒲公英的种子长出新的蒲公英一样。孩子是全新的个体，有自己的主观意识。父母不可以按照自己的意愿去改变他，更不能不公正地对待他。因为孩子在生命的意义上跟父母是平等的。

先谈规矩，再谈自由

一棵参天大树，长了一个小芽，你想掰掉非常容易。可是你没有掰掉它，一直让它长成一棵粗大的树，再想掰它就很困难。

同理，当孩子的一个小毛病第一次出现时，应该把它扼杀在萌芽之中，当孩子第一次出现问题时，你去纠正，让他知道这世界的规则。可是如果你没有纠正，等到孩子形成习惯后再去纠正，往往是大人痛苦，孩子更痛苦。

所以，孩子的小问题要及时纠正。父母要同时养育孩子的两个生命，即肉体和精神。我们要随着孩子的成长，随时掌握不同年龄的孩子对物质的需求和精神的需求。只有这样，才能放手让孩子在自我体验中学习成长，培养他良好的心理品质。这是具备家庭教育能力的基本要求。

谢觉哉是著名的法学家和教育家、杰出的社会活动家、法学界的先导、人民司法制度的奠基者。虽功勋卓著，但是他对家属、子女的要求极为严格，堪称楷模。

新中国成立初期，谢觉哉担任内务部长时，一些在湖南老家务农的子女、亲属思想开始活动起来，想借着他的地位，到北京来找个工作。

谢觉哉给孩子们写信说：离别多年，子女想看自己的父亲，父亲也很想看看自己的孩子，这是人之常情。

但他劝孩子们不要急着马上就来，因为“时下你们很穷，北方是荒年，饿死人，你们筹路费不易，到这里，我又要替你们搞住的吃的，也是件麻烦事，如你们还没起身，可以等一下，等到今年秋收后，估计那时候光景会好一些。到那时来看我是一样的。便车是没有的，因为任何人坐车，都要买票”。

不仅如此，谢觉哉还在信中向儿女们明确指出，到北京来看看可以，但绝不要以为能在这里找个什么工作，捞点个人好处。

他幽默地将自己称为“熊官”，即湖南人所说的不拿报酬的官，还自比家乡一辈子在地主家做长工的周老官，并写诗一首说：“你们说我做大官，我官好比周老官，起得早来睡得晚，能多做事即心安。”

在延安时，一次，他的小孩到机关小灶食堂玩，赶上开饭时间，管理员要留孩子吃餐“小灶”。谢老知道后，坚决不同意，马上打发孩子回家，并嘱咐他们以后少来这儿。

进城后，他要求子女吃饭不得超过普通居民的生活水平，粗粮也要吃，更不能随便花钱。

一次寄宿在学校的儿子在学期结束时，分到了节余的一元钱伙食费，没有拿回家，而是买了零食吃了，谢老知道后，严肃地批评了孩子，并教育孩子们要懂得节约光荣、浪费可耻的道理。

谢觉哉觉得干部子弟容易滋生优越感，便常对孩子讲：“内省是无止境的。”并叫孩子们把这句话当作做人的座右铭。

同样，不搞特殊化，以身作则，也始终是刘伯承的基本生活准则和家规。

虽然我相信启发式教育的优越性，但同时我也相信严格管教的必要性。孩子们的成长既需要启发，也需要纪律和规矩。他们既需要培养自信，也需要学习如何自省。

关于“规矩”，我总结了四条定律：

第一，定好规矩，但首先要把与规矩相关的道理讲清楚，不能盲目地要求孩子服从。

许多孩子根本就不知道父母制定某个规矩的原因是什么，所以他们也就不能很好地去执行。循循善诱，充分地说明道理，是父母教育孩子的重要手段。跟孩子说理不仅需要有耐心，还应结合他的心理特征，选择恰当的方法和技巧。任何一个孩子都是讲道理的，也许有些孩子看起来有点不讲理，可是一旦意识到自己行为的危害，他们也会守规矩。

但在给孩子制定规则的时候，一定要充分尊重孩子的意见，不能妨碍孩子正常的娱乐学习，也不能伤害孩子的自信与热情。

第二，在规矩的限制范围外，孩子有自由的空间。

父母不要用太多规矩限制孩子的自由，要让孩子有空间去做自己喜欢做的事，让他有一片发挥的天地。如果你有顾虑，可以用“共同决定”的方法引导他。例如，孩子喜欢玩游戏，你最好不要说“不准玩游戏”，而应该告诉他，如果你的成绩足够好或是功课做完了，就可以玩游戏，但是一周只能玩两个小时。

父母应该把每一个“否定”变成“机会”，把自主权从自己身上转移到孩子身上。这样，不但能培养孩子的独立性，也会让孩子为了自己想做的事而更加努力地做那些“必须做”的事。

第三，违背了规矩，孩子将受到预先讲好的惩罚。

规则失去约束力的一个重要原因就是执行不够严格。比如，家里老人疼爱孩子便放松了执行的力度或根本不执行；又或者父母违反规则后找了各种借口，导致规则没有被执行。这都会导致规则的约束力降低，孩子的规则意识变差。

所以，父母在执行规则的时候一定要严格。

孩子违反约定或规则时，肯定是感觉到“不好玩”“不喜欢”了，所以才排斥。父母要做的就是也让孩子尝试一下别人“违规”的感受，孩子自然就理解了规则的意义。

第四，规矩越少越好，这样才能发挥启发的功效。

生活有万千种细节，对于该给孩子定什么规矩，定哪些规矩，如何把握这个度，没有人能把所有的情境都罗列或归类，很多东西需要父母自己去领悟。

不要担心孩子闯些小祸，不要害怕他做得不够到位，不要为他的无心之过而责备他。日常生活中不处处限制和压抑孩子，不要制定太多的规矩，父母要为孩子提供正常的精神成长条件，对于精神发育正常的孩子来说，所有的经历，无论成败，无论好坏，都会沉淀为正面经验。

教育心语

立规矩，就是告诉孩子哪些事情能做，哪些事情不能做。守规矩的孩子内心能建立良好的秩序，内心有边界感，就有安全感，能更好地应对外界环境，获得更多成功。守规矩是对父母和孩子的双重考验，温柔而坚定地不放松原则和底线，是每个父母现在及未来最重要的修行。

不做孩子快乐生活的终结者

一句话可能会影响人的一生。父母要注意和孩子说话的艺术。父母最错误的沟通方式，是不懂共情，忽略孩子的感受。

孩子的脸上有一个蚊子，你想把它打死，于是，你一巴掌朝着孩子的脸狠狠地打去。如此，蚊子虽然被你打死了，可是孩子的脸也会伤得很重。如果说蚊子是孩子身上的缺点的话，你打掉缺点的同时也打掉了孩子的自尊，特别是当着外人的面。

有一次，我到江苏省海安县讲课，课间休息时，有一位母亲和她的儿子来到了我的面前，我看了看孩子后笑着跟孩子的妈妈说："你儿子个子长得真高，多好呀！"这位妈妈说："长那么高有什么用，光长个儿不长心眼儿。"

我还是笑着有点找话地跟她说："身体很好吧？"妈妈却说："他呀就喜欢吃，身体好什么！老是生病。"她的回答让我看到站在她旁边的儿子很难堪。

聊天中只顾自己一时嘴快，急于评价不顾孩子感受，是父母不懂怎么和孩子聊天的表现。

儿子放学开心地对妈妈说，今天的一堂科学课特别有意思，老师带着大家做实验感觉太棒啦。说着孩子便侧目期待妈妈会问他是什么样的实验。

妈妈却“哦”的一声，没有孩子预想中好奇的表情，话题一转问孩子：“我看到老师发的课堂照片，大家都在仔细看老师演示，你怎么在和同学交头接耳呢？平常上课你是不是也这样不认真听啊？”

孩子一脸不悦，松开妈妈的手，独自向前走，妈妈紧追着儿子，想要一个回答。孩子很气愤说：“妈妈你没在课堂上，不知道情况别乱说！”

他们的聊天不欢而散。妈妈责怪孩子小心眼，一言不合就生气；而孩子莫名生气是事出有因，好好的聊天就被妈妈一句话终结了。

《共情力》的作者乔拉·米卡利曾说，如果没有共情，我们就无法相互寻求支持、鼓励、温存和爱。用力地倾泻对孩子的爱，不如用情好好地理解、感受和接纳他，让孩子看到父母给的爱和希望。

一个人得到了一颗美丽的珍珠，他十分高兴，爱不释手。可是他发现珍珠上有一个斑点，他想如果没有这个斑点该多好。于是他就拿来刀子削，削掉了一层斑点还在，他就再削一层，可是斑点还在。他就继续削，想让这颗珍珠完美无瑕。当他把珍珠上的斑点削到看不见的时候，珍珠也不见了。

如果我们把孩子比作珍珠，珍珠上的斑点就是孩子身上的缺点。每个人都有缺点和不足，不要说孩子，就是大人不也一样吗？

由此我想到李大钊寓教于乐教育子女的故事。

李大钊深深地爱着自己的孩子。在十分紧张和繁重的工作之余，总喜欢和他们在一起，对他们进行革命教育，培养他们健康地成长。

在李大钊家中堂屋的北墙上，挂有一张富有浪漫诗意的画，画中有一位年轻妇女坐在高山上，怀抱琵琶正在演奏。在她的四周，各种飞禽走兽都围拢过来：有的蜷伏在地上，有的站立树枝，有的在空中飞旋。李大钊很欣赏这张画，他像讲故事那样，绘声绘色地对孩子们说："你们看，音乐的力量有多大！这个弹奏乐器的人，只要手指轻轻一动，就能引来深山荒谷的飞禽走兽。你们看，这些孔雀、仙鹤、狮子、老虎，还有各种叫不上名堂的鸟兽，一个个都被音乐陶醉了，人就更不用说了。音乐不仅能陶醉人，而且还能鼓舞人心。"

拍卖行里一架旧风琴被李大钊低价买到，他高兴极了，一有空暇，就坐下来，边弹边唱，调节精神生活。他对孩子们说："弹琴、唱歌是休息脑子的好办法。"一个仲夏之夜，星光灿烂，凉风习习，他们把风琴搬到院里。李大钊发话，要教新歌。孩子们像小鸟一样，叽叽喳喳，异常兴奋。李大钊对女儿星华说："你先演唱一个《小动物》吧！然后我再教你们唱歌。"星华心里很纳闷，这首歌还是在老家上小学一年级时唱的，现在过了好几年，怎么还唱呢？但为了学新歌，她还是手舞足蹈地唱起来："小动物，切莫轻损伤 / 动物虽小，也有爹娘 / 动物虽小，也知痛痒 / 蝴蝶休乱拍，鸡狗休乱打。"唱过，李大钊高兴地对孩子们说："这支歌里不是说小东西最可爱吗？不管是小鸡、小猫、小狗、小鸭都很可爱，人也是小的好。童年时的歌儿，听了也是很有意义的。一首小时候的歌，就会使人生活得更活泼，更觉有意思！”

李大钊借这首歌，教育孩子在生活中要永远保持童真的心灵，追求纯真的美。

北方的冬天，常降大雪。雪，给孩子们带来了无穷的乐趣。他们跑出屋子，兴奋地欢叫着打起雪仗。

“雪下得那样大，还不快进来吗？”李大钊的妻子在屋里隔着窗户喊。孩子不情愿地走进家门，李大钊却把他们带出去了，他不同意妻子的做法，执意要孩子们亲身领略大自然的风光，陶冶情趣，锻炼体魄。李大钊对孩子们说：“雪下大了，我们拿扫帚到院子里去扫雪吧！要是高兴的话，堆个大雪人，扫完雪，堆完雪人以后，你们要有兴趣作诗，也作一首。”

外祖母担心了，上前阻止说：“天这样冷，还叫孩子们去扫雪，要是冻病了怎么办呀？”

“孩子们应当从小养成吃苦的习惯，免得长大了什么也不会做，人经常活动活动身体也会有抵抗力，待在屋里不动弹就更怕冷了。”李大钊笑着向老人解释。

谁也挡不住李大钊和孩子们一起扫雪。大家干得热火朝天，一点也不觉得冷，不一会儿，就把院子打扫得干干净净。

李大钊兴趣丰富，还教孩子们练毛笔字，和孩子们一起下棋。为了让孩子全面发展，除了琴棋书画外，他还带孩子郊游、爬山、乘船、渡河，以锻炼他们的胆量，开阔胸襟，丰富想象力。

在他的教育和影响下，五个孩子都迅速地成长，先后参加了革命。其子李葆华等在党政领导岗位上担任重要职务，为人民作出了许多贡献。

孩子需要快乐的感觉。孩子和父母一起唱歌，能让孩子对生活增强信心，使孩子感到生活的美好，人也会积极阳光很多。

父母可以定期和孩子合作完成一件事，建立固定的家庭传统。相对固定的家庭传统，会让孩子对家庭产生必要的敬畏感和归属感，也能让孩子从小学会区别哪些是一般的事，哪些是重要的、有特别意义的事。

人是需要一种成就感的，我们都是如此。我们需要在某件事情完成得很好之后得到表扬，需要有人给我们指出和肯定这一成就，需要有人走过来拍拍我们的肩膀，并夸奖一句“干得好，我真为你高兴”。

教育心语

家是什么？是孩子的乐园。而许多家庭却为孩子设立了诸多不准。父母把许多天才扼杀在摇篮里了。如果你经常说你的孩子笨蛋、没出息、傻瓜，你的孩子就真有可能变成笨蛋、没出息、傻瓜。童年快乐的人，长大后会不断重复着快乐；而童年痛苦的人，长大后则会不断重复着痛苦。

影响我们一生的亲子关系

《文汇报》的一篇文章给我留下了深刻的印象。

一个小女孩10岁生日那天，父母为她办了个盛大的生日晚会，并买了一辆崭新的儿童自行车作为她的生日礼物。晚会结束后，他们还一起去散步。

临睡前，母亲含笑问道："今天你开心吗？妈妈给你买了一辆崭新的自行车，还有那么大的奶油蛋糕……"女儿眼里闪烁着异常兴奋的光彩，轻声对母亲说："妈妈，今天我真开心！但不是因为你说的那些，我最开心的是今晚能和你一起散步，手拉手说心里话。"

母亲吃惊地瞪大了眼睛，她没有料到这次散步，竟会在孩子的心灵中留下了如此深刻的印象。

教育孩子，父母有着不可代替的作用。高质量的陪伴对于孩子的成长有着深远的意义。优秀的孩子，往往是父母"陪"出来的。中国的孩子是这样，外国的孩子也如此。

一位父亲下班回到家已经很晚了，又累又烦，他发现5岁的儿子站在门口等他。

"爸爸，你一小时可以赚多少钱？""这与你无关，你为什么问这个问题？”父亲生气地说。“我只是想知道，请告诉我。”小孩子哀求着。“一小时 20 美元。”

小孩子低下头，接着又说：“爸爸，可以借我 10 美元吗？”父亲发怒了：“如果你只是要借钱去买玩具的话，那就给我回房间去，好好想想！”小孩安静地回到自己的房间。

父亲坐下后还在生气，过了一会儿，他平静下来想，孩子也许真的很想买什么东西，父亲走进孩子的房间。“我刚才可能太凶了，”父亲说，“我不该发脾气，这是你要的 10 美元。”“爸爸，谢谢你！”小孩子欢笑着从枕头下拿出一些被揉皱的钞票，慢慢地数着。

“为什么你已经有了钱还要？”父亲再一次生气地问。“因为在这之前还不够，但我现在足够了。”小孩子说，“爸爸，我现在有 20 美元了，我可以买你一个小时的时间吗？明天请早一点回家，我想和你一起吃晚餐”。

花 20 美元，向爸爸（亲人）买一个小时待在一起的时间，这个孩子似乎太可怜了。随着生活水平的提高，很大一部分父母的工作都是朝九晚五，和孩子在一起的时间就少了。父母们整天忙于自己的工作，很少注意和关心孩子的内心世界，也很少和孩子在一起聊聊天，谈谈心。渐渐地，孩子心里就产生了一种被冷落的孤独感觉。

我们的父母关心的是如何给孩子选一所好学校（从幼儿园、小学、中学到大学），找一位好的辅导老师，满足孩子的物质需求，却从来懒于思考孩子更需要什么？

其实，孩子们更需要感情上的理解和支持！学习紧张，同学误解，考试失败，老师批评，演讲成功……孩子们在学习的过程中有焦虑，有苦闷，有烦恼，有困难，有成功……他们是多么需要大人们给予其情感的沟通。因为孩子的成长阶段需要父母的陪伴。如果缺失了父母的陪伴，就会让孩子缺少安全感和爱。所以，在孩子的成长关键期，父母要关心孩子，了解孩子的心理变化，适时给予孩子肯定，陪伴孩子探索未知的世界，感知世界的温暖。

是的，爱的情感传递并不像知识传授那样易于被人看到，那样被人重视，但在孩子的生长发育过程中，却的确是一剂心灵鸡汤。在充满爱的环境里成长，会让孩子感受到来自父母的爱、关心和陪伴。

在一个有爱的家庭里长大，孩子会获得更多的爱，也能够感受到父母的爱带给孩子的幸福感。在父母的陪伴下，孩子能够健康快乐地成长；在爱的滋润下，孩子也会拥有更多的爱。

好的亲子关系是影响孩子一生幸福的底层秘密。那么，什么才是好的亲子关系呢?

好的亲子关系是一种相对和谐、自由、相互尊重的关系。好的亲子关系优于一切教育，是家庭教育的起点。

可以这么理解，亲子关系是父母与子女间的关系，是一个生命与另一个生命的亲密组合，是所有人最早建立起来的人际关系。而父母与孩子是先有的关系，才有的教育。

科学研究表明，人在幼年与父母之间亲密关系的建立，影响着其一生的爱和安全感。对于一个孩子来说，没有安全感，没有感知爱的能力，是一件非常可怕的事情。

从心理学的角度，我们童年遭遇的亲子关系会内化到心里，成为内在的关系模式，这一整套内在的关系模式形成了我们的性格，决定着我们的命运。

良好的亲子关系，是让孩子有安全感，能感知爱和爱人的源头，更对孩子日后的人格塑造和社会适应有着重要作用。

我们究竟该如何奠定与孩子亲密的亲子关系呢？没有教育智慧，一切方法都是枉费。方法具体了才好用，可是越具体的方法适应的范围越窄。只有具体的方法而不追求对教育更深的理解往往徒劳无功，因为家庭教育毕竟比刷盘子更需要方法的灵活运用。缺乏对教育基本的理解，告诉他们如何做也是无用的。

孩子身上的问题往往源自父母头脑中的问题，父母头脑中的问题不解决，孩子身上的问题也无从谈起。不会思考和功利心态是大部分父母的致命伤。所以，我们注重教育方法的探讨，更要注意教育智慧的启蒙。

第一，父母要记住自己的角色和职责。

作为父母要知道，自己的职责不仅仅是保护孩子，还要帮助他长大成人。比起成为孩子的朋友，父母更要成为领导者和充满耐心的老师。该坚持立场的时候就要坚持立场，决不能因为孩子的哭闹就心软，孩子需要正面管教。

第二，父母要少唠叨，多听孩子说。

父母说得越多，孩子听进去得越少。尤其是妈妈要不唠叨，妈妈是金口，话越少越值钱。

其实，不管是何种亲密关系，沟通都是十分重要的，沟通才是亲密关系的桥梁。这一点还是应该由父母先建立好沟通的桥梁，从小就养成和孩子沟通的好习惯。对于孩子可以发表自己看法的事情，父母可以多询问孩子的意见，只要是家庭内的决定都可以和孩子商量。此时，孩子也会感觉到自己受到父母的尊重和重视，在自己遇到问题的时候也会愿意去和父母沟通。这才是良好的亲子关系。

第三，父母有话要慢慢说，遇事不能冲动。

对孩子发火，成天发脾气，只能让亲子关系越来越恶化，越来越紧张。孩子做错事，父母首先要做的是控制好情绪，再解决问题。孩子做错事后，父母可以在一旁先冷静5秒钟，好好思考一下。

父母在孩子面前表现越平和，孩子越害怕。这时，父母说一句顶十句，让事情更好解决。父母还起到最佳表率作用，这样孩子也会在日后处理事情时，慢慢说，遇事不冲动，学会控制自己的情绪。

父母并不好当，但是必须当好。凡事都有解决的办法，我们不可知难而退，必须探究如何解决。既然教育是为了让孩子将来能够更好地生活，那么，生活就是教育的方向。

我们在生活中需要的，就是孩子将来需要的；现在考验我们的，将来也会考验孩子；我们面临的烦恼、挑战和机遇，将来孩子都会面临。虽然时代不断改变，但是与人相处、消化压力、抵抗惰性、克服软弱、克制欲望、自我推销、打开局面、把握机遇等基本问题是亘古不变的。

我们处理好自己的事情，做好自己，不仅为孩子提供了值得借鉴的经验，更传递给孩子一个积极的态度。所以，我们做人的时候，也是在做父母，我们生活的过程，无时无刻不是对孩子的教育。孩子从我们的行为中看到了什么、学到了什么，才是最重要的！

教育心语

有这样一个公式：糟糕的家庭 = 缺席的爸爸 + 焦虑的妈妈 + 失控的孩子。家庭，是社会中各种团体的最小单位，却对孩子的成长有着最重要的影响力。

育儿路上，我们可能碰到很多障碍，但要记得爱孩子、尊重孩子是我们教育的第一步，当我们把爱和尊重做好之后，才能在这个基础上产生合理的教育方法，才能让每个孩子都焕发出属于自己的独特光芒。

教 育 的 智 慧

Chapter 2

看见孩子：唤醒父母的教养直觉

优等生不是靠比出来的

心理学家苏珊·福沃德在《中毒的父母》一书中指出：“没有一个孩子愿意承认自己比别人差，他们希望得到成人的肯定，他们对自己的认识也往往来源于成人的评价。经常遭受父母打击的人，常常容易自卑，并且会陷入自我怀疑和自我否定的情绪中不可自拔，严重时还会患上心理疾病，导致许多极端行为。”

“你怎么成绩这么差，你看看朋友家小林这次又考了全班第一！”

“你怎么吃饭这么费劲，你看看你们班里的亮亮，人家长得多高！”

“作业做得这么慢，就知道玩，你看看邻居家的小豆，早就做完作业在楼下玩了！”

……

长期被父母打压、否定，慢慢地，孩子就会把这些负面评价内化为对自我的认知，在不知不觉中被“无助、无望、无价值”这三种“病毒性信念”框住，难以脱身。

有两位一年级的学生数学考试都得了98分，孩子高兴地回家告诉妈妈。

心态消极的妈妈说："你们班有几个人得了100分？"孩子回答："三个。"妈妈马上就说："那你得意什么？下次一定要得100分！"孩子说："知道了。"

心态积极的妈妈说："刚上一年级你就能得98分，真了不起！我今晚做几道好菜为你庆祝！"孩子说："我班有三个人得了100分，下次我一定考100分。"

前者得到的是打击和失败，变得被动；后者得到的是激励和成功，变得主动。父母应不断告诉孩子：你能行！让孩子学会和自己比。这次考试成绩不理想没关系，只要努力，下次追赶上前面的那位同学就行。这样，孩子就能够从不会到会，从不敢到敢，从不行到行！

成功者的思维都是积极思维，父母在教育孩子时更要学会运用积极思维模式。

第一，父母要帮孩子常分析，千万不要用别人家孩子的长处与自己孩子的短处比。

如果孩子一时在某个方面失误了，本来就很内疚，父母再在他本身受伤的心灵上捅一刀，拿别人家的孩子作比较，可能产生的后果有两个：自卑和仇视。这种现象要坚决制止，父母可以帮孩子分析，失败是因为粗枝大叶，还是因为知识有疏漏？这样孩子就更容易接受。给孩子树立榜样，不是在孩子出错时，而应是在他成功时。

孩子之间的互相竞争是自然现象，是成长中的必经阶段，但有时父母的态度很可能会进一步激发孩子彼此的竞争心理。尤其是面对比较让父母头痛的孩子时，父母难免会不经意脱口而出"为什么你就不能像姐姐一样用功"此类负面比较的语言。

其实，即使是赞美，当它变成一种比较时，也时常会导致反效果。例如，父母比较宠爱某个孩子，常是因为那个孩子的性情比较好、长得比较漂亮、比较聪明或功课比较优秀。换句话说，如果父母为孩子贴上标签，拿孩子互相比较，就会导致孩子之间的竞争心态与行为。

然而，当父母无意中给孩子贴上标签，拿孩子互相比较时，必然会引起孩子的嫉妒与不满情绪。

第二，父母真要比较，可引导孩子与昨天的自己比。

父母如果真的想要通过比较去引导孩子取得进步，可以让孩子学会与昨天的自己比较。很多父母总是认为别人家的孩子是优秀的，其实也是间接地不认可自己孩子在各方面的能力。在孩子看来，这是一种看不起，也会影响到他的自信心，有的孩子越来越自卑就是因为父母过于攀比所导致的。

生活中可以发现，有些孩子并不是原地踏步，没有任何进步，他们只是进步得比较慢，可在父母眼中就成了毫无作为的人。而父母一直认为别人家的孩子要更加优秀，丝毫看不到自己孩子的进步，这也会让孩子一蹶不振。

与其整天把别人家的孩子挂在嘴边，父母不如经常对孩子说这些话：

你并不是一个笨孩子，只是还没有找到正确的学习方法。

虽然这次数学考试还是没能及格，但比上次进步了不少，爸爸很欣慰能够看到你努力的样子。

她的舞蹈确实很棒，但是你唱的歌也很动听，爸爸妈妈同样为你感到骄傲。

……

注重孩子在学习过程中的进步，而不是光看结果。当孩子做出的某种行为得到了父母的表扬时，他慢慢就会知道怎么做是对的，良性循环之下，进步就会越来越明显。

第三，父母要学会修复自身的焦虑情绪。

父母总爱比较的一个重要原因是怕孩子将来被社会淘汰。父母自身缺乏安全感，所以才经常用比较的方式去自我提醒和提醒孩子。

如果孩子也拿自己的妈妈跟别人的妈妈作比较，提醒妈妈要像别人的妈妈一样温柔、有耐心，可能用不了几天，妈妈便会觉得心里不舒服。比起把压力转嫁给孩子，父母更应该做的是增强自信心，相信自己能够通过健康、正当的方式来帮助孩子解决现有的问题。

第四，父母要多关注孩子的优点。

父母要学会发现、培养、扩大、鼓励、欣赏、赞美、积累、展示孩子的优点。

我在山东省潍坊市讲课时，一位母亲向我咨询。我还没有开口，她就一口气地说了孩子七个缺点。孩子才上二年级，却感觉真可谓是“罪恶滔天”。我让她说说孩子有什么优点，她摇摇头说：“没有。”我让她先想一会儿，就去接待另一位家长了。

最后，我又和她交谈，她说出了孩子的四个优点。我说：“不是孩子没有优点，而是您没有发现。”有趣的是，她说的四个优点中，有两个是细心、听话，而在七个缺点中也有粗心、不听话。我说：“您这不是自相矛盾吗？”她回答说：“这孩子有时细心，有时粗心；有时听话，有时不听话。”

所以，关注优点，优点就会被发现；关注优点，优点就会增加；关注优点，优点就会不断表现出来。我建议父母为孩子建立一个优点本或荣誉箱，把孩子成长过程中的进步、成绩，无论大小都记录下来，把孩子学习和参加各项活动取得的奖励证书或能证明他成绩的物品（小红花、奖状、表扬信……），统统保存到优点本或荣誉箱中。

各位父母，请从今天开始！三个月后，你一定能见到成效。

教育心语

实际上，盲目极端的攀比不仅不能激励孩子，反而会给孩子心理上造成认知负担，扼杀其潜能。因为在这样的教育中，孩子很难理性客观地评价自己。做什么都会没有自信，觉得自己不管怎样努力都不如别人。而更重要的是，这样将孩子进行攀比，除了阻碍孩子成长更会破坏亲子关系。

我们都是不完美小孩

有这样一个童话，能给人以启示。

有一个圆，被人劈去了一小部分，它感到很自卑。它想找回一个完整的自己，为此到处去寻找属于自己的那块碎片。因为自己不是完整的，所以在寻找的时候它滚得很缓慢。一路上，它与鲜花为伍，同昆虫们交谈，充分享受着生活的快乐。它找到了很多碎片，却都不是自己掉下来的那块，于是它越滚越快，继续寻找着。

终于有一天，它如愿以偿地找到了那块碎片，并且使自己重新成为一个完整的圆。然而，完整的它滚动得太快，以致错过了盛开的鲜花，忽略了虫子的呢喃，感受不到生活的快乐。后来，它意识到了这一点，毅然丢掉了那块千辛万苦才找到的碎片。

这个故事告诉我们，有时候过度要求孩子，可能会让孩子失去很多本该拥有的快乐。有的孩子在某方面的能力不强，父母对孩子提的要求就要适当，与孩子的实际能力和水平相匹配，不能过于苛求孩子。比如，孩子学习成绩较差，总是排在班级中下游，那么父母就不能要求孩子下一次考试的成绩排到班级前十名。父母应先放低标准，今天一小步，明天一小步，慢慢上“台阶”，切不可一下子对孩子要求太高。否则，跳一跳也摘不到果子，只会让孩子失去信心，加重自卑。这就要求父母在教育孩子时，要注意以下四点：

第一，父母要转变负面心态。

如果父母眼中看到的全是孩子的缺点，这对孩子来说是不公平的，会使孩子产生挫败感。每个孩子在成长过程中都会有各种不完美，这就需要父母调整急于求成、追求完美的心态。

我们在教育孩子的过程中，使用的方法无外乎两种：一种是正向手段，如表扬、鼓励、赞美、夸奖、欣赏、肯定等；另一种是负向手段，如批评、打击、挖苦、指责、挑剔、惩罚等。我们在教育孩子时两种手段共用，但要有所侧重。正向手段要多于80%，负向手段要少于20%。为什么呢？原因是正向手段更符合人的天性需要。

某位心理学家曾说：表扬、鼓励和赞美对于孩子来说，就相当于阳光对于植物一样重要。人都喜欢表扬，无论在家庭、学校、社会中都如此。不要说孩子，就是作为大人的我们不是也喜欢听到别人对自己的表扬、赞美和肯定吗？而负向手段的使用，则会限制孩子潜能的发挥。

心理学上有这样一个实验。将一只跳蚤放进没有盖子的玻璃杯中，跳蚤可以轻而易举地从杯子里跳出来。然后，实验者用一个玻璃片把杯子盖上，由于有玻璃片阻挡，跳蚤尝试多次也无法跳出来。时间久了，实验者把玻璃片拿开，发现即使没有了玻璃片的阻挡，跳蚤也无法跳出来了。

孩子也一样，父母的负向教育手段就是杯子上的玻璃盖，会限制孩子的成长和孩子潜能的发挥。

第二，不要吝啬自己的赞美。

有自卑感的孩子尤其需要父母的鼓励和支持。对于孩子在学习上的点滴进步，父母应及时表扬、鼓励，使孩子一点点重拾信心。

希望被人赞扬，这是人的天性。企业家玛丽·凯说过：“人们盼望赞扬，就像在沙漠中盼望甘露一样。”马克·吐温说：“我接受了人家愉快的称赞之后，能够光凭着这份喜悦生活两个月。”的确，赞美之语是令人畅快的。

赞美之语就如同阳光。生长在我们内心的花朵，如果没有赞美之语的阳光照耀，是没有办法盛开的。精神鼓励是每个人都需要的，我们赞美别人，会让对方感觉满意和愉快。这就是赞美的力量。如果父母能够重视赞美的作用，好好运用它，就能得到很好的结果。

第三，要容许孩子犯错。

不要总以为表扬多了，孩子容易骄傲；不要不忘随时给孩子指出缺点；不要去恪守严格、严厉总有好处的信条……其实对于孩子的成长，自尊和自信是最重要的。对孩子尽量宽容点吧，容忍孩子的不足和错误，允许他在试错中不断学习与成长。

错误，有时候就好像生病一样。当孩子生病的时候，身体首先的本能反应是不舒服，这个时候我们是着急带孩子去医院就医，还是先在家里自己仔细观察症状，看看具体情况，再决定要不要去看医生呢？

其实，我们如何处理孩子生病的过程，恰恰就反映了我们对错误的接受程度。这个程度也是我们对于“试错”的态度。

孩子的错误，相比我们成人所犯下的错误，大多数时候是不值一提的。所以，孩子很大程度上的优势恰恰就是输得起，他更有试错的资本。

心理学家还提出，对于孩子应该坚持一个“无错原则”。不仅不要在鸡蛋里挑骨头，而且应该是在垃圾中淘金，努力去发掘孩子的优点与长处，尽量去赏识和赞扬，那会创造教育的奇迹。诚如苏霍姆林斯基所说：“热烈的学习愿望、明确的学习目的，是学生学习活动的最重要的动因。”“教育的任务就是要不断地发展儿童从学习中得到满足的良好情感，以便从这种情感中产生和形成一种情绪状态——即强烈的愿望。”这就是教育的艺术境界！

第四，父母要明白，教育的目的是让孩子尽可能地优秀。

什么算是尽可能地优秀呢？是事事做到完美吗？我们大人在追求事事尽可能地完美时，也常会感到力不从心、疲惫不堪，甚至否定自我，觉得自己就是怎么也做不好。有时候，把事情做到完美是一种优秀，但学会接纳事情没那么完美，更是一种优秀。

成为尽可能优秀的人——我们作为父母应是这样期待着自己的孩子。因为完美其实跟表面的事情无关，更不是我们轻飘飘的一句“完美主义”，或者事事做好了就是完美。要知道，这就是最大的“不完美”。

教育最需要提防的就是过分追求完美的心态。很多时候，我们教育孩子不要只看表面，当我们在事无巨细地教育孩子并希望他事事完美的时候，其实就是告诉他：你不够好，你还需要更好。在完美期待中长大的孩子，天性被过度驯化，其作为独立的自我无法正常舒展，却消化太多精力去适应他人的要求。

那样，我们的孩子就不再是可爱的孩子了，他会变成为“完美”的奴隶。

教育心语

相信孩子，静待花开。也许你的种子永远不会开花，因为他是一棵参天大树，或者他就是一棵小草。那又何妨？无论他是花儿、大树，还是小草，父母要做的，就是接纳，这是天下父母的必修课。这世上，有一种教养，是原谅父母的不完美。其实，还有另一种教养——接纳孩子的不完美。

强制服从不如传输价值观

家庭教育最重要的任务是建筑人格长城。

生活中家庭教育容易陷入的误区是一俊遮百丑：有了高分数、好成绩的孩子就被看作好孩子。事实上，在影响终身发展的因素中，分数并不是最重要的，起着制约作用的是品德、品格，是做人的快乐，是受人欢迎及尊重。知识只在某个阶段起作用，而道德影响人的一生。

在我的教育生涯中，感受到最深的是德者智，有道德的人更聪明，能成就大事的孩子在学校不是以自己的学习为中心，而是关心他人，关心学校。我们常说，知识的缺陷可以弥补，而道德出了问题，不可挽救。

有道德的人更聪明，是教育的常识。

为了帮助非洲的贫困儿童，联合国第七任秘书长安南在一个庄园里举行了一场慈善晚宴，一众富商和社会名流欣然参加。

在晚宴即将开始时，一位老妇人领着一个捧着瓷罐的女孩来到了庄园的入口处。由于他们没有请柬，保安安东尼拦下了他们，并告知除了工作人员，没有请柬的人不能进入。

“这里不是在举行慈善晚宴吗？我们来表示我们的心意，

为什么不能进去？”老妇人表情严肃地说：“露西从电视上知道了这里要举行慈善活动，她决定把自己储钱罐里所有的钱都拿出来捐给那些可怜的孩子。只让她一个人进去也不可以吗？”

“是的，今晚参加宴会的人员都很重要，他们将为非洲的孩子慷慨解囊。你们带着爱心来到这里让人钦佩！但是，我认为这个场合不适合你们进去。”安东尼解释说。

“叔叔，慈善的不是钱，是心，对吗？”一直没有说话的小女孩露西问安东尼。“我知道受到邀请的人会拿出很多钱，而我有的只能把这个储蓄罐填满。如果我真的不能进去，请您帮我把这个带进去吧！”说完，露西将手中的储钱罐递给了安东尼。

正在安东尼犹豫接还是不接时，突然有人说：“孩子，你说得对！慈善的不是钱，是心。不只你可以进去，所有有爱心的人都可以进去。”说话的是一位老人，他面带微笑，站在露西身旁。他躬身对露西说了几句。然后直起身来，拿出一份请柬递给安东尼：“我可以带她进去吗？”

安东尼接过请柬，打开一看，忙向老人敬了一个礼：“当然可以了，沃伦·巴菲特先生。”

当晚赢得最多最热烈掌声的不是倡议者安南，也不是捐出300万美元的巴菲特，而是仅仅捐出30美元零25美分的露西。第二天，各大媒体纷纷以《慈善的不是钱，是心》这句话作为标题，报道这次慈善晚宴。看到报道后，许多普通人纷纷表示要为非洲那些贫穷的孩子捐赠。

家长常常希望自己的孩子能成为有责任感的人，同时希望他们的责任感来源于最高的价值观，包括关注人类的幸福、尊重生命等，用常见的词汇来说就是：同情、责任和人道。但家长通常不会把责任感放到一个较大的框架中去考虑，常常是就更具体的方面而言的：马虎的家庭作业、乱糟糟的房间、不情愿的钢琴练习、上学迟到、绷着脸不服从命令，或者态度恶劣，等等。

有机会自己做决定的孩子，在成长中，精神上会变得自立，更能够选择适合自己的伴侣和工作。而那些整天被家长告知该干什么的孩子，很少有机会去实践自己的判断能力，很少有机会自己做选择，因此更容易做出不负责任的决定。

孩子究竟能学到多少我们所希望他们知道的，取决于他们内心对我们教导的情感的反应。价值观不可以直接传授，孩子只会被那些他们爱戴、尊敬的人同化，通过模仿他们，孩子吸收了他们的价值观，并成为孩子自己价值观的一部分。

因此，孩子责任感的问题再次回到了家长身上，或者更精确地说，回到了家长的价值观问题上。

家长应尽量抓住每一个“机会教育”——生活中随时可能出现的，可借以教导孩子、帮助孩子的小事——的时机对孩子进行教育。但应当在教育中多用正面的例子，少用负面的例子。比如，如果你想教孩子“见到长辈要主动起立打招呼”，那你自己就必须每次都做到。做家长一定要以身作则，如果对孩子的要求很严厉，自己却没有首先做到，这样是不能赢得孩子的尊重和信服的。

大家知道，培养一个社会人，是家庭、学校、社会协同影响的结果。孩子作为个体，呱呱坠地来到这个世界时是一个自然人，在与社会环境相互作用的过程中，个体逐步成为一个能独立掌握社会规范、正确处理人际关系、适应社会生活的社会人。个体从自然人转化为社会人的过程，就是个体社会化。有人认为，儿童社会化水平表现出三个层次。第一层次的表现是：儿童在一定条件下处理与别人关系的时候，只想到自己的好处，而很少顾及别人的好处，当然前提条件是决不损害别人。第二层次的表现是：儿童在一定条件下处理与别人关系的时候，既想到自己的好处，又顾及别人的好处，但想到自己的好处比顾及别人的好处更多一些。第三层次的表现是：儿童在一定条件下处理与别人关系的时候既想到自己的好处，又顾及别人的好处，且能从内心为别人得到的好处比自己得到的好处更多一些而高兴。在家庭中，我们做家长的要鼓励孩子投入社会，并给予孩子更多的社会化的机会，与此同时也要及时发现孩子在社会交往行为中的不妥之处，并给予及时的指导和教育，帮助他抑制不正当的愿望，培养他关心人、同情人的情感倾向，树立正确的价值观，逐渐提高孩子的社会化水平。

在人格塑造方面，有的家长本身对价值观的选择就很迷茫。比如，在如何对待诚信、正义等问题方面，因为现实生活中存在不少矛盾和负面的例子，家长自己可能也不是特别坚定。如果把这样的思想传递给孩子，孩子很难拥有正确、坚定的价值取向，当他走向社会后，也就很容易在现实面前感到迷茫和困惑。所以，我觉得有必要提醒家长，教育孩子时，眼光要放长远些。中国已经走上了国际舞台，我们要用国际化的思维方式和价值观念判断生活中的现象，不要被一些负面的例子所干扰，不要做负面的事情，更不要向孩子灌输负面的思想。

好的家长能为孩子创造宽松的成长环境，他们只是在孩子碰到困惑时才给予建议和帮助，他们更善于引导孩子，善于和孩子沟通，而不是将某种期望或价值观强加给孩子。

教育心语

教育学家陶行知先生曾说：要解放孩子的头脑、双手、脚、空间、时间，使他们充分地自由生活，从自由生活中得到真正的教育。

家长在践行教育的过程中，自身价值观直接影响着孩子的心性与品行，影响着孩子的视野与格局。所以，在向孩子输出价值观之前，我们也先要自问：我们到底懂不懂教育？我们又是否读懂了人生？

叛逆其实也是好的开始

14 岁，告别了旧日的喧闹与无知，走近我们的是青春迷人的召唤，少年的天真、童年的顽皮都离我们远去，而青春的风采，我们却刚刚开始领略：14 岁，像一樽醉人的美酒，即使是淡淡的酒香也足以使我们陶醉；14 岁，是一曲缠绵的歌曲，谱写在岁月的歌本上，即使只听到悠悠的片段，也足以使我们迷恋；14 岁，是一道醉人的风景，写尽缤纷的色彩，足以使我们神往；14 岁，是一朵怒放的花，花开虽然短暂，却将短暂化为永恒……

作为家长，更要好好把握孩子的这个特殊时期。

在《现代教育大讲堂》中，主讲嘉宾、北京市关心青少年协会副会长冉乃彦提道：当孩子达到 14 岁左右的年龄时，许多家长会发现，原本听话懂事的孩子变得越来越叛逆，而且心思敏感、脆弱，遇事多疑又不愿向家长倾诉，甚至学习成绩欠佳、行为习惯不良……

这就是我们要注意的孩子 14 岁“危险期”！

14 岁，是花季的年纪。这个年纪的孩子渴望独立、我行我素、自作主张，但是并不具备独立的生活能力和成熟的心理素质；他们开始有了自己的思索和追求，感情丰富、求知欲强、兴趣广泛，却还没有成年人的处事、判断是非的能力……14 岁后的孩子，将慢慢成长、慢慢成熟，慢慢走出家长的目光所及，去走真正属于自己的精彩人生！ 14 岁是孩子人生的重大转折点。

英国科学家曾进行的一项研究证实，青少年最容易出现打架、叛逆、学坏等现象的年龄是 14 岁。英国研究者对 9~35 岁的男性参与者进行了调查记录，受试者被要求玩电脑游戏。通过记录参与者对游戏结果的满意或失望程度，研究者对他们每一次的情绪反应进行了分析。研究结果显示，青少年更热衷于能够让他们感到刺激的危险行为，其中年龄在 14 岁左右的少年最为突出。

许多家长会发现，一向乖巧的孩子，到了中学时期突然叛逆了。他们无法理解，为什么以前那个对自己言听计从的孩子，忽然间变得“面目全非”：疏离、尖刻、暴躁……

这个时候，家长的本能反应也许是“收紧”，更加严厉地管控孩子。可是，自由和独立是叛逆期孩子最大的主张，家长一味地压制和管束，就像在给弹簧不停施压，最终迎来的可能是孩子的彻底爆发及失控。

其实，随着年龄的增长，孩子的身心发生着巨大的变化。叛逆就像一颗等待萌生的种子，在孩子的身体深处蠢蠢欲动。这个年龄阶段的孩子，渴望被成人的世界认同，渴望通过叛逆的行为来向世界昭示自己已经长大了，不再是家长眼中的小孩子，也不再是可以随便操控的“棋子”。

所有的叛逆，都来自对束缚和限制的反抗。孩子所面对的，除了他本身就有的生理与心理的束缚外，还有周围成人刻意营建的各种限制。从前的他无法意识到这种束缚与限制，即使意识到了也无力反抗。然而，随着年龄的增长，他渐渐能够清晰地看待这个世界，一个新的自我在迷蒙中跃跃欲试。

同时，成人的限制是那么严密和牢不可摧，成长的力量又还不足以挣脱自身生理、心理和知识的束缚。这时的孩子正承受着蜕变之苦，经历着前所未有的迷茫，所以就会产生种种叛逆举动，其实只是想以此来显示自我的存在。

在我们指控孩子叛逆时，也正好暴露了这叛逆的根源：过度呵护所演变的控制和压制。正是这种看似善意的、温柔的束缚，让正在成长中的孩子无所适从。

尽管 14 岁左右的孩子出现这样或那样的问题，但教育专家冉乃彦在接受记者采访时强调说："14 岁是危险叛逆期，更是最佳塑造期。"冉乃彦认为，对孩子来说，14 岁左右的年龄就是这样的关键期，家长要抓好孩子的这段特殊时期。作家柳青说，人生的道路虽然漫长，但要紧处常常只有几步，特别是当人年轻的时候。

理解孩子的叛逆根源，避开锋芒，我们才能够帮助孩子顺利走过叛逆期。作为成长的必经阶段，家长的应对方式，决定了孩子行为的最终走向。

第一，陪伴——情感才是引导孩子唯一的线。

这个阶段，家长最重要的是陪伴，因为情感才是引导孩子唯一的线。有个歌手青春期时非常叛逆，不是打游戏就是在 KTV 唱歌。有一次生日，他照旧请同学吃饭，很晚了才回来。父亲什么都没有说，在给他的信中写道："儿子，我知道对于你来说，这也许能够使你开心，或者这是你叛逆期发泄的方式。但是我希望，你自己不要受到伤害。"

亲人的爱与陪伴，让这个歌手在莽撞中摸索，有过迷茫，却没有丧失方向。他慢慢找到了喜欢的事情，未来也变得越来越清晰。

如果叛逆期的孩子拒绝引导，那么我们不妨保持观望和陪伴。相信只要有情感这根线，孩子最后就不会走得太偏。

第二，学会尊重孩子。

在我们很多家庭中，家长总喜欢拿别人家的孩子与自己的孩子比较。其实，这是一种不好的做法。家长本来以为可以激励孩子，事实上这种方式不但起不到激励的效果，反而会深深伤害孩子的自尊。

所以，家长平常要对孩子多些尊重，多发现些孩子的优点，并鼓励孩子勇敢地走下去。在孩子得到家长的认可之后，孩子也会变得越来越自信，对家长的抗拒也会越来越少。

第三，及时调整教养角色和教养方式。

叛逆意味着孩子长大了，家长需要及时调整自己的教养角色，应该从起主导作用的教育者转变成陪伴孩子成长的陪伴者。陪伴，就意味着以孩子为主，家长处于非主导地位；就意味着一种无言的支持和认同，意味着一种平等的朋友关系。

青春期的孩子出现叛逆问题，既提醒家长要及时转变教养角色，也提示家长前期家庭教育的失误所在，是家长改变教养方式的重要契机。

心理学研究表明，权威型教养方式最有利于青春期问题的解决及孩子人格的塑造。权威型教养方式的特点是，对孩子的行为有明确的规定及要求，但在制定规则和作决定时考虑孩子的需要和想法，听取并接受孩子的意见，对制定的要求作出解释，说明希望孩子服从的原因。

14 岁，诗一般的年华，梦一般的季节，怀着一颗善良的心，播种最纯洁的愿望，期待收获最美丽的果实！在 14 岁，给自己一个梦想，并坚信且执着，记住自己始终有一双隐形的翅膀，会带你飞向那美好的梦想！给自己一份自信的力量，相信“有志者，事竟成”！

教育心语

尽管14岁左右的孩子会出现这样或那样的问题，但14岁是危险叛逆期，更是最佳塑造期。对孩子来说，这是成长的关键期，家长要抓好孩子的这段特殊时期。

接纳和理解孩子，不要再埋怨孩子。要知道，叛逆期只是一个人成长过程中短暂的时期，很快就会过去。所以，家长要帮助孩子尽快度过这个时期。未来你的孩子也会更爱你，更尊敬你。

教育是一种唤醒与点亮

每一个生命都是独特的，潜能和创造力都是无限的，把不可能变为可能就是发现、挖掘人的潜能的过程。教育能做的就是这点事——唤醒与点亮！

孩子是需要学会自己成长的。

一个孩子跟着父亲去狩猎，不慎掉进了陷阱，他拼命地呼喊和挣扎，父亲就是没有出现。

孩子在恐惧和绝望中度过了一夜，黎明时分，当他终于凭借手中的猎刀爬出陷阱时，父亲就站在他面前。

这时，父亲告诉他：这一夜，自己一直守在陷阱旁，一步不敢离开，并不时地踩动草丛给孩子警告，目的是告诉孩子，等不到救援，必须学会自救，这也是自己挖这个陷阱的初衷。

这个故事要表达的是——父亲给予孩子的爱不全是单纯的、表象的，其实还有另一种，那就是“放手”。孩子需要学会自己成长，而成长中所需的生活能力，唯有自己在动手中慢慢积累和提高。

成功的教育是心灵的唤醒。在这里，我讲一个塞曼成长过程中的故事。

荷兰物理学家彼得·塞曼出身贫寒，他母亲节衣缩食、辛勤操劳供塞曼念书求学，期望塞曼将来能够成为一个对社会有用的人。

塞曼非常聪明，从小学到中学，毫不费力就名列前茅，时常受到老师的赞扬。从此，他有点飘飘然了，开始浅尝辄止，学着寻欢作乐，荒废了学业，期末考试竟然出现物理不及格。

暑假，塞曼回到母亲身边。看到儿子的成绩单，母亲痛不欲生，呜咽着说："孩子啊，你太不争气了！当初，我在惊涛骇浪中拼着性命生下你，盼望你能够成为一个有用的人，早知道你这样没出息，还不如那时一起葬身海底！"

母亲流着泪给塞曼讲述当年的情景。那是一个风雨交加的日子，台风来了，海浪冲破了大堤，在一个大盆中，一位母亲，正护着一个新生的婴儿，母亲嘴里不厌其烦地重复着祖先留下的格言：要挣扎，要探出头来；冲出巨浪，你才能活命！"这个母亲就是我，这个婴儿就是你。早知道，你如此不争气！还不如……"塞曼的母亲说不下去了……

塞曼的母亲告诉他在生活的激浪中，要认清方向，切莫后退，要顶着风浪前进。塞曼羞愧万分，后悔极了，因为他明白了：在生活的海洋里，如果不奋力挣扎，就会被狂风恶浪吞没，就会葬身海底。他跪在母亲面前发誓：一定改邪归正，努力拼搏，绝不让母亲失望！开学了，同学发现塞曼变了，他发愤学习，以优异成绩毕业。后来顺利进入大学最终还留校任教。

当他赶回家想把这个喜讯告诉母亲时，却发现母亲已奄奄一息了。原来母亲已病入膏肓，为了不影响儿子的学习，她始终隐瞒着自己的病情。此刻，母亲拉着儿子的手，断断续续地说出了最后一句话："记住，要挣扎……要探出头来……要和生活中的各种风浪搏斗！"

塞曼永远记住了母亲这句话，艰苦地从事科学研究。1902年，他因确立了物理学中的"塞曼效应"，获得了诺贝尔奖。

生活中，教育就是帮助孩子成为他本来可以成为的人。智慧的家长懂得和孩子一起观察和发现孩子的天性。

假如孩子比较有心计、企图心强，这个孩子有可能成为某个领域的杰出人才，但也容易因为心事太重而承受压力，遭受挫折。那么，家长就应该在帮助他实现自己目标的同时注意劝诫孩子不要被自己的抱负所累，人生不可能完美，要学会取舍与放下。

假如孩子是个乐天派，什么事情都不放在心上，这样的孩子获得快乐会很容易，也不用担心他会钻牛角尖，但容易不思进取，不学无术，将来生活在一个较低的社会层次上。这时，家长就要帮助孩子树立一定的进取心。

每一个心灵都是自然宇宙与人类智慧的结晶，每一个孩子都有丰富的心灵和巨大的潜能。孩子的内心世界就像一个盛满宝藏的盒子，在这个盒子里，有智慧、有理性、有意志、有品格、有美感、有直觉等生命的能量。

教育，只需要将其内在的良知、良能唤醒。

今天我们说，教育尤其是教育孩子，目的不在于传授和灌输某种外在的、具体的知识与技能，而是要从心灵深处唤醒孩子沉睡的自我意识、生命意识，促使孩子价值观、生命感、创造力的觉醒，以实现自我生命意义的自由、自觉的建构。

教育的过程也不仅要从外部解放孩子，还要唤醒孩子内在的心灵能量与人格理想，点亮孩子的智慧，发展孩子的潜能，激发孩子的生命创造力。

当孩子的求知欲望与生命的力量被唤醒之后，孩子就会自觉主动地探索未知的世界，而这个探索的过程也就是孩子自我唤醒心灵智慧的过程。

很多家长常说：小孩子都一样，哪有这么复杂？这是一种“外行”的表现。人是生而不同的，各有所长和所短。有智慧的家长会帮助孩子扬长避短，但前提是先要发现孩子的所长和所短。孩子不是一块任我们随意雕刻的石头，而是有着自己独一无二天性的个体，做家长的责任是帮助孩子发挥他天性中的长处，克服他的短处。

遵照孩子的天性进行帮助，就会像庖丁解牛一样游刃有余；而罔顾孩子的天性，只按自己的愿望去塑造，就会像螳臂当车一样自不量力。

家长要通过自己的做法给孩子示范，根据孩子面临的具体情境向孩子提出建议和要求，给孩子创造更好的家庭氛围和生活环境，以此来实现对孩子的教育。要知道，生活的边界就是教育的边界，生活的过程就是教育的过程。

家庭教育要让孩子的天性有展现的空间，智慧有表达的机会，美德在学习中扎根，梦想在勤奋中实现。让孩子找到自己的“最近发展区”，自我实现达到最优化，让优秀者更优秀，让平凡者不平凡。

给每个孩子找到恰当的支点，他就能走向成功！

教育心语

什么是好的教育？不同的人会给予不同的回答：好的教育是奠基，为孩子终身发展与人生幸福奠基；好的教育是助力，为人的终身可持续发展和人生出彩助力。

奠什么基？助什么力？那便是：唤醒每一个孩子生命的潜能，点燃每一个孩子积极、向上、求真与尚美的火种，激发孩子成长的原动力，让每一个孩子抬起头走路。

为孩子种下爱学习的“种子”

有的孩子不喜欢学习，不知道为什么学，只是别人上学自己也上学，别人考大学自己也考大学。大家都这样，好像也从来没有想过为什么，自然也没什么特别的学习动力。

所以，孩子不想学习、不爱学习、就是不学习，家长看在眼里急在心上，虽然道理讲了很多，但没什么用；骂也骂了，吼也吼了，甚至打也打了，但孩子非但没有好好学，反而更讨厌学习了。

究其根本，还是孩子没有学习的动力！如果孩子自己不知道为什么要学习，如果孩子自己没有学习兴趣，那你给他讲再多的道理，再怎么吼他也没用。

所以，要想让孩子爱上学习，就要先帮助他解决内在的学习动力问题。

孩子不爱学习，往往是因为他还没能从学习中找到乐趣，认为学习是个苦差事。而且，孩子从来不会因为家长的惩罚、督促或批评喜欢上学习，越批评兴趣只会越减少。

在教学中我发现有个奇怪的现象：学习好的孩子会越来越好、学习差的孩子好像会越来越差。可这并不代表学习差的孩子智力就比别的孩子差。很多时候是大人喜欢给孩子贴标签，长期在不爱学习的标签下，孩子就会对学习、对自己的能力产生怀疑，变得自卑并深信自己就是那个无法变好的差生。

所以，家长应尽量将自己的期望合理化。可以要求孩子每次都做得比上一次好一点，让他慢慢进步。如果看到不合理的或不切实际的目标，孩子可能很早就放弃了。

同时，家长应尽量把自己对孩子的要求转变成对孩子的建议。当然这并不是说要放任孩子自己去闯，也不是说要家长放弃履行约束权，而是要尽量正确引导孩子。

在生活中，我们常会听到这样的话：

你说说你，我和你爸拼命努力地工作挣钱，还不是为了你。你不好好学习对得起我们吗？

孩子，你现在好好学习，以后就能上好大学，毕业了就能有好工作，就能挣很多钱了！到时你想买什么就买什么，想去哪里玩就去哪里玩。

儿啊，咱家就靠你了，你现在好好学，以后才能出人头地啊！

不听老人言，吃亏在眼前，不好好学习，以后有你后悔的！

……

这类话我们应该说过很多，但孩子耳朵都听出茧子了，好像也没什么用，不仅没有从此爱上学习，反而越来越讨厌学习。

这是因为我们的讲道理和鼓励，都没有从孩子的角度出发：未来太远，孩子没什么感受；理想太容易说出口，就变成了只是说说；你的辛苦付出和希望，却成了孩子的压力……一切都和孩子的眼前没多少关系，一切都变成了逼着孩子学，这并不是在给孩子动力。

家长可以通过以下方法来引导孩子：

第一，鼓励孩子广泛阅读。

读书，是孩子净化灵魂、升华人格的重要途径。在孩子的成长过程中，读书是主要任务。但现在学生除了读教科书之外，恰恰读书不多。凡是读书多的孩子，一般来说，其视野必然开阔，其精神必然充实，其志向必然高远，其追求必然执着。

那么，家长该如何为孩子挑选图书，如何指导孩子读书呢?

我在许多场合都说过这样一段话："把好东西在不恰当的时候送给孩子，这是家长最容易犯的错！读书也是如此，让三年级以下的小孩子读《红楼梦》会伤了他'读书的胃'，一旦受伤了，他就不再喜欢读书了。古人讲'少不看《水浒》，老不看《三国》'是有一定道理的。这就告诉我们：读书需要指导！"

因此，如果家长想为孩子挑选图书，我的建议有三点：一是家长根据孩子的个人喜好为其挑选图书；二是指导孩子阅读名家作品和经典；三是在保证孩子的时间和精力的情况下，适当让他读点杂书。

至于家长该如何指导孩子读书，在我看来有以下五个要点：

一要养成读书习惯。让孩子把读书当作生活的一部分，把逛书店、图书馆当作生活中常有的行为，在家庭设立读书日，这些都有利于孩子读书习惯的养成。所以我常说，一个家庭可以没有酒柜，但不可以没有书房！如果家中能做到目之所及、手之所触都有书籍，那就很好了。

二要学会选择同类书。英国的学者布尔沃·利顿说过：读书不在多而在于精。对于同类书，有选择地读几本效果反而好，读书太滥只是满足消遣而已。

三品类要多多益善。每一个人都要有丰富的精神生活，因此家长在指导孩子读书时，不必拘泥于某一固定的品类。从一本书到一类书，从专业类到综合类，例如文史、社政、科技、古典、畅销书，只要能帮助孩子进步，拓宽他们的知识面，就都应有所涉及。

四要指导精读和泛读结合。因为一个人的时间总是有限的。有的书可以随手翻翻，粗读涉猎；而有的书需要认真阅读，在反复体会中形成观点，在阅读中寻找价值、寻找智慧。

五要读写结合，做到学以致用，写好读书笔记。在读书中写作，整理自己的思想。这样读书就真正成为自己生活的一部分！

第二，启发孩子主动地对自己的学习负责，帮孩子养成写日记的好习惯。

通过写日记，可以让孩子对自己的学习、生活进行总结和深化思考；可以锻炼他观察生活和驾驭语言的能力，提高他的写作水平；可以让孩子倾诉自己的情感，调节自己的情绪；可以培养他独立的个性和独立处理事情的能力；可以锻炼他的意志，开阔他的心胸，净化他的心灵。不仅孩子写、老师写，家长也可以写。这方面成功的例子很多，有的甚至彻底改变了一个孩子、一位家长、一个学校的状态。

因为要想写得精彩，就必须活得精彩、做得精彩。比如，作家、画家刘墉——一个很认真生活，总希望超越自己的人，他热爱生活，热心观察生活，精心描写生活，绘画生活。儿子刘轩从小受其感染，做生活的有心人，也成了作家。并且，父子还合著出版了《创造双赢的沟通》。

家长不仅是孩子的第一任老师，还要做孩子学习的榜样！孩子无时无刻不在受家长潜移默化的影响。家长的一举一动、一言一行都深深刻在孩子心里。因此家长要言传身教、以身作则，多为孩子树立榜样。常言道："其身正，不令则行；其身不正，令不从。"也就是这个道理。

孩子的模仿能力很强，家长的生活习惯、思想意识、作风情操对孩子都有影响作用。孩子对家庭成员之间的关系、家庭气氛特别敏感。这些因素都会在子女性格中有所体现、有所反映：如果家长经常吃吃喝喝、打牌、搞不正之风，就会使孩子不用功学习，不努力上进；如果家长经常失信孩子，用谎言推诿，孩子慢慢也就学会撒谎；家长气不顺时就打骂孩子，容易使孩子养成做错事去怪罪别人的恶习……

想要孩子改变，先要改变自己。在赛场上，表面上看是队员与队员之间的竞争，其实在队员的背后是教练与教练之间的竞争；在学校里，表面上看是孩子与孩子之间的竞争，其实在孩子的背后是家庭环境与家长素质的竞争。

当家长的如果想要孩子优秀，就必须学习先进的教育方法和教育技巧。千万不要在没有准备的情况下，稀里糊涂地做了家长，也不要到孩子出现了问题时才想到学习教育知识。面对孩子，每一个负责任的家长都应该多多学习。

教育心语

诚如苏霍姆林斯基所说："热烈的学习愿望、明确的学习目的，是学生学习活动的最重要动力。""教育的任务就是要不断地发展儿童从学习中得到满足的良好情感，以便从这种情感中产生和形成一种情绪状态——强烈的学习愿望。"这就是教育的艺术境界。

教育的智慧

Chapter 3

行为引导：教给孩子『打怪升级』的法宝

兴趣是孩子成长的动力

孔子说："知之者不如好之者，好之者不如乐之者。"科学家爱因斯坦也曾说："兴趣是最好的老师。"其实，他们说明了一个共同的问题，兴趣是推动孩子学习的动力。

一个人的快乐和他能否做自己有兴趣的事是有相当大关系的。

根据对1500名商学院的学生长达20年的追踪研究发现：追逐兴趣并发掘自身潜力的人不但更快乐，而且更容易得到成功的眷顾。因为他们从事的是自己真正喜欢的事情，这使得他们更加有动力、有激情将事情做到完美状态。即便他们不能从中获取成功，他们也会得到终生的快乐和幸福。

在现实生活中，许多科学家、优秀学生谈到自己成功的原因时，也都一再强调自己对学习有浓厚的兴趣。

科学家丁肇中只用6年时间就读完了别人用10年时间才能读完的课程，在潜心研究后终于发现了"J粒子"。记者问他：你如此刻苦读书，不觉得苦、不觉得累吗？他回答：一点儿也不，相反，我觉得很快活！因为我对物理感兴趣，我急于要探索物质世界的奥秘，我可以两天两夜，甚至三天三夜待在实验室里，守在仪器旁。我迫切地想要找到我探索的东西。

这样的例子，举不胜举。兴趣促进了一个人的成功，它在目标与成功之间搭起了一座不可或缺的桥梁。有了兴趣作为老师，我们便不觉得学习是一件痛苦的事情了，也就不会那么容易感到疲惫，不再那么容易分心。

作为家长，我们应鼓励孩子把更多的时间花在自己的兴趣上。

兴趣不是天赋，是受后天生活实践影响的，孩子接触的事物越多，家长越能发现他的兴趣所在。

家长要和孩子多进行沟通，问他喜欢干什么，有的孩子也许会很爽快地说自己喜欢唱歌或跳舞。此时，家长可以根据他的兴趣来培养他的才艺。孩子认识世界的方式有很多，如阅读、旅游和各种体育娱乐活动等，多丰富孩子的经历，同时观察孩子对什么更有兴趣，又有什么能做得好的。

除了和孩子沟通之外，家长平时也要多观察孩子，如果孩子听到歌曲就会手舞足蹈，可以考虑让孩子学习声乐、跳舞、钢琴等；如果孩子总对自然界的动植物提问，那么不妨去购入相关的书籍，与孩子一起探索，之后还可以带孩子去植物园和动物园，将书本知识与实物相结合，更有利于兴趣的培养。

如果有幸发现了孩子的兴趣点，那么恭喜你；如果没有，你不用过于担心，因为有的人也可能一辈子都不知道自己对什么感兴趣。

对孩子没有兴趣的课，我们只要求他尽力准备，尽力学习，对成绩不要有特别高的要求。

不少家长会让孩子去学钢琴、练跳舞。我认为，有一些爱好是很好的，可以帮助孩子全面发展，但这种爱好要适量。

要知道，我们不是为了培养孩子一种特长让孩子去学什么，而是为了培养孩子的生活能力。学习一种特长是培养手段，而不是培养目的。孩子并不一定学的越多竞争力就越强。我们要在培养孩子拥有一种特长的同时，培养孩子克服困难、抵御诱惑、战胜不良情绪、提高自己做事的毅力等优良品质。

让孩子从各种兴趣中找出自己不想继续下去的理由和仍然想继续的理由。从对比中让孩子发现自己需要的是什么，不需要的是什么。让孩子学会取舍，学会发现什么是自己真正有兴趣的。这样建立起来的兴趣，才是孩子能够坚持学习下去的动力，才能真正掌握到其中的精髓。

一个人能够成功，不是因为具有某种特长，而是因为具有某种成功的素质，而这种素质的培养可以通过从小对孩子培养特长开始。同时，这也需要家长拥有对自我的约束能力，没有自控能力的家长无法培养出有自控能力的孩子。言传身教永远是教育孩子最好的方式。关键是家长要明确孩子学习特长的目的，并不是让孩子成为一个什么特长专家，而是要培养他成为一个有生存竞争力的人。

家庭教育中切不可忽视非智力的培养，应该使青年一代具有远大的目标、广泛的兴趣、热烈的情感、坚强的意志、独立的性格。

人最幸福的事是真正喜欢上一件事物，哪怕只是种花、养小动物，也会使业余时间、精力有所寄托。每个孩子，在家庭中或学校中都应尽量培养他有个兴趣爱好。

教育应该让孩子有一样自己喜欢的事物，这样即使他考不上名牌大学，也会拥有健康、幸福的人生。我们的孩子有的有音乐天赋，有的有绘画天赋，有的爱好文学，有的爱运动、喜欢各种球类，有的重史学研究，有的爱数理分析，还有的注重环境考察……这多棒！很多伟人、名人、优秀人才，都用特长丰富了自己的生活。

每个孩子可以有不同的成长道路，让他有广博的兴趣，会影响孩子一生的生活质量。一个人的精神生活是否快乐，这很重要！

教育心语

不难发现，学习一门特长，无论对孩子还是家庭都大有裨益，孩子的审美情操、耐心、意志力、学习方法和技巧都会得到提升，这些良好的品质会伴随孩子一生。

可惜的是，在功利的社会风气影响之下，不少家长和学校仅仅关注到特长在升学方面的“短期利益”，却忽略了特长对实现“全人教育”的深远影响。这是值得每一位家长与教育工作者深思的。

让追星成为一种正能量

每年的 12 月，我们学校都要举办艺术节。这时，走在学校的中心花园里，都会有五颜六色的明星海报，他们不是别人，是我们学校自己的“星”，我们学校的艺术节也算是“造星”节，我们把追星看作正能量！

孩子心目中需要“星”，这在教育心理学上，叫作有一个“重要他人”。说白了，就是榜样，也叫“偶像”。你看看现在学生的课本上、书桌上是不是贴满了偶像的海报？是不是一下课他们就叽叽喳喳谈论偶像的新综艺、新消息？是不是手机内存都贡献给了偶像的歌曲和照片？ 所以我认为，学生追星是正常现象，不要害怕，更不用担心。

关键是，怎样指导学生“追星”？追什么样的“星”？“追星”的度如何把握？

我们追星，不是了解哪个明星离婚了，哪个明星又谈恋爱了……这些乱七八糟的小道消息，听多了确实影响学习，甚至不利于学生的身心健康。我们要追“英雄星”“科学星”“励志星”……要选择和自己兴趣一致、符合理想自我期待的人为心目中的“星”。今天我想给大家推荐我校学生梁植在《我是演说家》中的演讲词，在这篇演讲词中，他告诉了我们怎样追星。

朋友们，我们一起来想三个问题：

如果你一不小心，用不到三年的时间，从美国的名校拿回一个博士学位，你的导师跟你说："你很有才呀，只要你跟着我，我就给你最好的待遇；你留在美国，我能让你成为世界一流的科学家。"这个时候，你会怎么选择？

可能，做科研对我们来讲太遥远，因为咱们都不是学霸。那么，如果你的男朋友或女朋友，他有一天回家告诉你："亲爱的，我要调动工作了，但是去哪儿、做什么和去多久，我都不能说。"这个时候，你要怎么办？

如果有一项事业，因为你的努力，让中国在这个领域拔地而起，提高了中国的话语权，你觉得你应该获得国家怎么样的奖励？

我的偶像是这样用他的一生回答这三个问题的。

一个人，26岁，用不到三年的时间拿到美国的博士学位。在拿到博士学位的第九天，回到了1950年那个一穷二白的中国。34岁，他回家告诉妻子："我要调动工作了，明天就走。"妻子问他："你要去哪儿？你要去做什么？你要做多久？"他的回答是一样的：不能说，不能说，不能说。从此，他从他的妻子、两个孩子和所有熟悉他的人中消失了整整二十八年。回来的时候，他是一个直肠癌晚期的病人。61岁，作为中国第一颗原子弹和第一颗氢弹的理论设计总负责人，他一共获得了国家奖金——特别奖20元，其中原子弹10元、氢弹10元。是，我的偶像叫邓稼先——中国原子弹之父。

从去年开始，我有机会在话剧舞台上，重塑这位科学巨匠。那个时候，我才意识到：原来"两弹元勋"这四个金灿灿的大字背后，藏着那么多的“难以想象”：难以想象，实验事故突发，邓稼先一个人冲进实验区，捡起那枚摔碎的核弹，命令所有人都在场外待命；难以想象，核辐射的后果是止疼用的杜冷丁从一天一针变成一个小时一针；难以想象，邓稼先躺在病床上，说得最多的一句话是“你们快去工作吧，别让那些国家把我们的国家落得太远”……

2012 年 3 月，我有幸去拜访了邓稼先先生的夫人许鹿希女士。我没想过，两弹元勋的夫人，今天仍住在五十多年前的老房子里。房子里的陈设和五十多年前没什么区别。我们走的时候，老人说：“今天给你们讲了这些往事，我需要缓一缓。”我没想过，邓稼先已经离开我们将近三十年之后的今天，往事对他的家人来说并不如烟。

就在不久之前，中央领导人到荷兰海牙参加世界核安全峰会。电视机前的我泪流满面，因为我想起邓老——如果邓老还在，他今年正好 90 岁，如果他知道中国发展得这么好，中国的核事业走得这么稳，他该有多骄傲，有多高兴！如果邓老还在，我想请他到《我是演说家》的播音室里来，让他看一看这炫目的灯光，看一看今天在座的每个人的笑脸。如果邓老还在，我多想亲口告诉他：我们这些“80 后”“90 后”的孩子，真的很崇拜他。因为有他，因为有和他一样的一大批科技工作者的努力，中国有了现在的模样，我们有了今天的生活。

我们不该忘了他——科学家的典范邓稼先！

这就是我们要追的星！作为教育工作者，要明白在粉丝的心里，偶像有着特殊的意义。偶像会源源不断给予他们力量，在无助、沮丧且不知道该和谁说的时候，偶像会是陪伴他们的最好选择，看一看偶像的笑脸、听一听偶像的歌声、读一读偶像成功背后坚持和努力的故事，都可以让他们满血“复活”，用轻快的步伐继续前进。

针对这样的孩子，我们可以在了解他们背后的感情需求后，抓住感情这条线，给予他们关爱与引导。过分的追星和虚荣心，实际上源于内心不够充实和自信，迫切需要认同感。对于什么是潮流、什么是时尚，其实孩子心中并不清楚，而是觉得喜欢明星是件很酷的事。所以，才需要我们的正确引导。可以通过举办“我的偶像”主题班会，开展“劳动之星”“文艺之星”“数学之星”等造星活动，让我们的孩子高扬理想的大旗，追一个中华大地上为国家做出贡献的英雄，让他们成为孩子心目中的“重要他人”，让理想的灯塔引领孩子前进！

教育心语

孩子追星，是自我设计需要的外化表现，而且随着年龄的增长、阅历的增加和理想自我的不断修正，喜欢的偶像也会有所改变。可能现在青春期喜欢个性张扬的“小鲜肉”，过几年就会喜欢沉稳冷静的成熟“大叔”。但这种理想自我的幻想一旦过度，容易产生超越于现实、排斥现实生活的内容，使青少年迷恋远离现实的人格形象和生活方式，形成不切实际、好高骛远的心理与行为特点。

找到属于自己的“赛道”

有的人频繁跳槽就是缘于不能给自己一个准确的定位，这山望着那山高。其实，只要认清自己的兴趣爱好、特长和优势，找到自己拼搏的赛道，并努力为之奋斗，梦想的实现并不遥远！

有不少家长在不知不觉中充当了孩子未来的设计师，也不管孩子是不是适合、是不是愿意，就强迫孩子按照自己设定的路线走。孩子的苦，不仅来自学业的艰难，也来自兴趣的缺乏。孩子喜欢画画，你偏让他去学医；孩子喜欢写作，你偏让他去学工程。这样做，不仅培养不了名医，很可能同时扼杀了一个艺术家；不仅培养不了工程师，很可能同时扼杀了一个作家。谁愿意去做自己不想做的事呢？大人不愿意，孩子也一样。

爱因斯坦说：“每个人都是天才。但如果你用爬树能力来断定一条鱼有多少才干，他整个人生都会相信自己愚蠢不堪。”

每个孩子都有属于自己的理想，想在长大后成为了不起的人：有的说要当科学家，有的说要当老师，有的说要当超级英雄，有的说要去全球旅行，还有的说要改变世界……

此时，大多数家长都会说，你要好好学习，考上一所名校，找到一个好工作，捧上一个“好饭碗”才是最实际的。有些家长还会在这个时候对孩子苦口婆心地说上一句：“只有好好读书，努力挣钱才会过上好日子，才能到处去旅行，才能……”

难道孩子的梦想就是为了所谓的好工作，就是为了过上所谓的令人羡慕的物质生活吗？梦想是成就未来的源头，如果孩子的梦想仅仅是为了生活，那还谈何未来与希望？

家长用尽一切时间、金钱和精力培养的孩子，很多孩子都是直到就业，甚至就业多年，都不知道、不清楚自己想干什么、能干什么，最终只能走上为生计奔波、为赚钱养家糊口绞尽脑汁的道路。幸运点的，就是进入一家待遇不错的单位，开始一眼望到头的职业生涯，坐等退休。

这既是宿命，也是结果。因为孩子从小到大，从没好好想过自己学习、努力的具体方向！一句笼统的“好前程”就可以涵盖一切，就可以轻易地放弃必要的、更深层次的思考。

这是我们家庭、学校教育的失败之处。

一位管理大师讲过这样一个故事：有三个石匠，在建筑教堂。

有人问第一个石匠：“你在做什么？”第一个石匠回答说：“我只是在这儿混饭吃的。”

问第二个石匠，第二个石匠回答说：“我要盖一个全国数一数二的教堂。”说完就埋头敲石头，他要做一个能工巧匠。

问第三个石匠，第三个石匠目光遥视远方，然后说：“我要盖一个世界上最有特色的教堂！”

同样是石匠，他们的目标不一样，他们的道路和成果也就迥然不同。哈佛大学作过一个调研，在一届毕业生中，无目标的学生占比为 27%，目标比较模糊的学生占比为 60%，有 10% 的学生有近期目标，3% 的学生有远期目标。经过长达 25 年的追踪调查，这 3% 的有远期目标的学生成了精英。

这也告诉我们，人生的道路上必须要有自己的目标，而树立目标的能力是综合素质的反映。

有位哲人讲过：人一辈子都是建设，没有建设的人生是失败的人生。

我树立的目标是终身做一名教师，我一辈子树立的目标是做一名合格的基础教育的教师。我认为，每堂课的质量关系到学生生命的质量，求学时期，学生的生命质量构建大部分是在课堂里完成的。

因此，教师需建设教学人生。有学才有识，有学识才有胆识。教学的自信来自教师深厚的学养。

爱尔兰诗人叶芝说：“教育不是注满一桶水，而是点燃一把火。”这把“火”，就是兴趣，就是热情。家长要做的，就是创造机会，为孩子打开生活的广度，去发现孩子的兴趣，并帮助他去完成自己的梦想。

是啊，梦想就是期望，有期望才会有激情，才会努力拼搏。守住自己的梦想，勇敢地走下去，你就终会到达成功的彼岸。

教育心语

人生最难的从来都不是坚持，人生最难的是如何正确识别和认知！假使不能正确识别和认知，你越努力就有可能越挫败，越努力就有可能越迷茫。道路不正确，盲目努力只会消耗和浪费我们的一生，从此离目标越来越远。

找到自己的赛道，才能甘于困顿苦难、不惧风雨飘摇，不会怨艾，不会迷惑。正确选择赛道后的认定，是在赛道上无数次磕绊后最终依旧能努力奔跑起来的动力。

放手，让孩子学会逆流而上

不是所有人都能变逆境为动力，很多人因为不具备抵御挫折的能力，在青少年阶段就败下阵来。因此，如何养成抗挫力成为家庭教育中无法回避的话题。

抗挫力是指个人面对危机或困境时，能够做出积极应对和建设性处理的能力。巴顿有句名言：衡量一个人成功的标志，不是看他登到顶峰的高度，而是看他跌到低谷时的反弹力。

很多时候，人都会面临毫无退路的境地，而到了那时，人才会集中精力奋勇向前，从生活中争得属于自己的位置。

父母大多没受过专门训练。无论是小时候，还是长大恋爱成家，无论是在学校还是在社会，很少有人培训怎么做父母，即使有，也只是长辈所说的“棒打出孝子”“不打不成才”。父母望子成龙、望女成凤的心理，往往容易使家庭教育偏离方向。一本《哈佛女孩刘亦婷》卖了几百万册，不正是因为一定程度上迎合了父母的这种心理吗？

其实，父母的过度关心、过度照顾，反而剥夺了孩子成长的空间。《扬子晚报》的记者调查发现，有些大学生根本不知道怎么安排自己的生活。因为他们从小到大除了学习基本上不需要考虑任何事情，怎么可能在生活方面有成长呢？

另外，父母的过多限制、过多干涉，也会阻碍孩子的潜能释放。我们常常居高临下地对待孩子，以“家长”自居：“你是我生的，我让你听，你不听，找揍！”几年前，有个华裔提出父母要做“虎爸狼妈”，我曾写文章表示不赞成。即使他成功了，孩子考上了好大学，可考上大学以后呢？这种教育只能是个案，那些宣传，我总认为有炒作之嫌，会误导许多人。这样的家庭教育，缺失了最基本的“人格平等”，往往并不利于孩子的成长。

有的父母也许会说现在的孩子哪有什么逆境？我们把一切都帮孩子处理好了，孩子在成长道路上一直是一帆风顺的。对于这样的观点，我并不同意。如果你把逆境只看作大风大浪，那么可能不容易遇到。但实际上，逆境在孩子的成长过程中无处不在，被拒绝、被攻击、被比下去……每个小逆境都在考验着孩子的应对能力和心理应激能力。

如果父母想潜移默化地培养孩子的抗挫力，不妨每天抽出一点时间，与孩子复盘一下当天经历的事情：“英语考砸了，你认为是什么原因？”“没入选学校的篮球队，你还练篮球吗？”“选班干部，好朋友却没有投你的票，你难过吗？”……在这些日常问题里，引导孩子正确地看待失败与失去，就是抗挫力的点滴形成。

20世纪初，有一个犹太少年，他做梦都想成为像帕格尼尼一样伟大的小提琴演奏家，但他拉得太蹩脚了，完全没有音乐天赋。他的父母为他请了一位老琴师。

一天，老琴师把这位“完全没有天赋”的孩子带到了自家的花园，老琴师讲：“世上有两种花，一种花能结果，一种花不能结果，但它们同样在阳光下开放，同样是成功的……”

老琴师的话使这位少年茅塞顿开，让他后来找到了自己的位置。

二十年后，这位少年成了名震天下的物理学家，他就是影响世界的人——爱因斯坦。这样的例子不胜枚举，舟舟、邰丽华、海伦·凯勒、贝多芬的先天条件决定了他们可能是没有出息的，陈景润、爱迪生、巴尔扎克在上学时的表现也不像“有出息”的样子，但他们都做了“有出息”的人都难以做到的事。

我建议父母可以从小事入手，比如，用带有游戏性质的竞赛让孩子知道“强中自有强中手”。当孩子遭遇失败时，父母要安慰孩子学会接受现实，同时客观地指出孩子的其他优点。这一步是让孩子拥有对挫折的容忍力。要战胜困难与挫折，接受现实是第一步。这是忍受挫折、不肯退让的心理力量。有了这种心理力量，才有对挫折的超越力，简单地说，就是战胜挫折的能力。

接受事实、忍受失败带来的痛苦，是一种消极的抗挫力；而超越力，则是经过失败后，痛定思痛，找原因、想办法，变消极为积极，主动战胜困难的能力。忍受与超越，是抗挫力的两个部分。

父母要无限地相信孩子的潜力。赏识催生成功，抱怨导致失败。倘若你要孩子行，那就要珍爱孩子每一次的成长机会，欣赏他的成长，欣赏他的言行。孩子的潜力是无法估量的。

科学正在探索人的大脑，有科学家说，人的大脑，能储藏英国大不列颠图书馆所有馆藏书的知识。不管怎么说，我们要相信孩子有无限的潜力。

给自己一片没有退路的悬崖，从某种意义上说，也是给自己一个向生命高地冲锋的机会。

教育心语

不用故意创造逆境和挫折，也不必刻意营造美好，接受生活中好与坏的共存，让孩子感受真实生活本来的样子，在顺其自然中才能培养出真正的抗挫力。有个简单可行的方法，就是在竞技体育和对抗游戏中去培养孩子的抗挫力，在竞争中面对“挫败”，在与小朋友的互动中感受“被拒绝”，在游戏中承认自己的“不行”。这些过程是代价最小的逆境。

经历磨难是对孩子更高的保护

许多孩子的成长过程，需要有一个自由的空间，孩子要成长，有一些磨难就是不可避免的。不但不可避免，有时家长还要创造条件，让孩子有机会经历磨难，只要这种磨难不是不可挽回的致命错误，其实都不必大惊小怪。毕竟“纸上得来终觉浅，绝知此事要躬行”。

有一次，我看动物世界，里面的一个画面给我留下了很深的印象。

一只小海龟要越过长长的沙滩，爬到大海里求生存，眼见着海鹰向它飞扑下来，小海龟性命难保，善良的游客见到之后，就跑来将小海龟拿起来，直接放到海里。

没过多久，许多小海龟都爬了出来，准备向大海进军。显然，这只小海龟向其他海龟释放出来的信息就是它已经安全到达了海里，可以安全通过了。

但是，就在这个时候，大量的海鹰蜂拥而来，这群小海龟几乎全军覆没，游客救了一只小海龟的命，却给整个海龟家族带来了毁灭性的灾难。

大自然的生存法则总有它的道理，有时人类自作聪明，以为可以改变这一切，其实是在害它们。

这个故事给我很深的触动。在教育上，其实也是一样的。孩子是在“做”中学习和成长的。许多老师、家长误以为只要把一件事情告知孩子，就等于教育了他，其实不是的。研究表明，孩子接受的来自听觉的教育效果极其低下，来自视觉的教育效果相对要好一些，只有来自亲自体验的教训，才能让孩子终生难忘。

西方有这样一句谚语：我听过的，我忘记了；我看过的，我记住了；我做过的，我才学会了。杜威说孩子要在“做中学”，其道理就在这里。这种“做”不仅仅是让孩子做正确的事情，有时还要让孩子有犯错的机会。有时，孩子会因做错得到的深刻教训而终生难忘。

如果家长替孩子打理好一切，化解掉成长道路上的所有麻烦，从表面上看是给了孩子一条平坦的人生道路，却有可能会换来孩子终生的软弱和对家长的永久依赖！

在一些家长看来，孩子唯一的任务就是学习，劳动只会加重孩子的负担，负担重了必然会影响学习成绩。所以，这些家长心甘情愿地把学习以外的事情替孩子包揽下来。这就难怪一些孩子走到社会上遇到问题就会束手无策。尤其是一些独生子女的家长，总有这样那样的担心：就这么一个心肝宝贝，出了事还了得？再说幼小的孩子缺乏处事和生活经验，家长多操点儿心能让他少走一些人生弯路不正是家长的职责吗？

家长的担心是可以理解的，问题是爱孩子的最终目的是什么呢？是让孩子健康成长，学会生活所需的本领，成为一个独立的人？还是让孩子永远长不大，事事都要靠别人操持？毫无疑问，答案应该是前者！

家长要启发孩子从实践中增长经验。孩子的探索极有可能是失败的。面对孩子自主探索的失败，家长最忌讳的就是在这个时候谴责、数落孩子，这会导致孩子或因害怕受责备而不敢冒险，失去学习新技巧的热情与胆量，或产生反叛心理，反其道而行之。

当孩子面临挫折时，才是家长最佳的教育时机。家长首先要鼓励孩子有探索的勇气，然后再跟孩子讨论为什么会失败，听听孩子的观点，再对孩子进行引导启发。

如果家长此时冷嘲热讽，所带来的结果就是孩子再也不想独立去探索、去冒险，从而失去了学习新知识，向未知探索的热情与勇气。

现实生活中的每一个孩子都是好孩子！家长要让孩子明白，生活中没有白吃的苦。说到这，我想起一个故事：

草原上有两个少年，一天地主吩咐他们，一个去放羊，一个去放马。大一点的少年打起小聪明：羊温顺，好管理；马脾气暴躁，不好管理，弄不好自己可能还会有生命危险。于是，他强硬地要求小少年去放马。

小少年觉得特别委屈，回去和母亲抱怨。母亲开导他说：孩子，没有白吃的苦，多干点事、吃点苦没有关系。不经历苦难，你怎么能成才呢？小少年听了母亲的话，将马群管理得井井有条，自己也练得一身骑马射箭的好本领。

后来，那个大一点的少年依旧是一名羊倌，而小少年因本事渐长，成为一代枭雄，他就是成吉思汗的御前大将：哲别。

孩子的成长过程，就是把事情做成功之后的喜悦与自信，以及把事情做失败之后的沮丧与懊悔的情感交织。那种让孩子轻而易举就获得所谓“成功”的体验，虽然也可以愉悦一时，但终究帮助不大。

只有那种通过艰难险阻，付出艰辛努力，仍然做错，然后再茅塞顿开、豁然开朗的“成功”，才是能让孩子真正终身受益的。

教育心语

经历一番人生的风雨，孩子才会拥有人生的彩虹。家长不应该再抱着“怕孩子受苦、怕孩子受委屈”的心态，在物质上给予孩子满足，在精神上对孩子百般呵护，更不应该去迁就他的不合理要求，而应该让孩子去经历生活的风吹雨打。

人生是一个不断奋斗的过程，一个人只要勇于面对生活的磨难，并努力去克服它，不断迎接下一个挑战，他一定会成为最后的赢家。

远行，把世界“植入”孩子的心中

对人类中那些将要远行的人，发问是自然的：要去哪儿，为什么？有些人并非为利而往，因而更加令人困惑。

20 世纪 20 年代，是探险的黄金时代。乔恩·科莱考尔在《进入空气稀薄地带》一书中说：珠峰“一直如磁石般吸引着疯子、爱出风头的人、无望的浪漫主义者和那些对现实举棋不定的人们”。他还提到了一种“不愿同情弱者而崇尚坚强、自傲和辛苦劳作的攀登文化”。

乔恩·科莱考尔除了是一位记者、作家外，更重要的，他也是一名登山者。他曾跟随著名高山向导罗布·霍尔率领的商业登山队成功登顶珠峰，因此他对这种文化的体验更加深入，他笔下描写的登山过程更加真实、更加引人入胜。

保尔·梭罗克斯在他的旅行笔记《喜爱新鲜空气的人》的序言中，把自己说成一个天生的出走者，着迷于做个异乡的陌生人。“我在成为一个旅行者之前便已经是一个局外人了。”

他同时还是个爱划船的人。这个领域里那些令人炫然又迷惑的出类拔萃者，同样不能逃脱“为什么要去”这个永恒的追问。

法国人达波维尔48岁时独自划船从日本出发，花费134天到达美国俄勒冈，平均每分钟划桨17次。

由于各种原因，他在一年里最恶劣的季节起了航，遭遇了40英尺~60英尺的巨浪，“几次被吓得半死”。一艘俄国货轮想营救他，但他“甚至都没有受到诱惑”。

在经历了四个半月、已经靠近俄勒冈海岸时，仍然反复受到风暴袭击。一条救生船拍摄了他最后几天的情况，一年后他在看录像时，不停地抹眼泪。“我知道他们会问我为什么要这么干，而我却没有一个答案。”但达波维尔最后说：动物才只做有用的事，他做的是只有“人类才想着要去做的一些事情”。

彻里·加勒德在《世界上最糟糕的旅行》中寻找人类探险活动的原因时，提到强烈的征服自然的愿望，但渡尽劫波的达波维尔说：“我没有征服太平洋，是它放过了我。”

现在互联网技术非常发达，我们可以轻易在网上搜索到世界各地的山川美景和风土人情，却依然不如亲自去看一看。一直以来，我们的孩子们在读万卷书方面都做得不错，我们尽可能多的让孩子吸收更多的知识；然而在走出去看看世界这个方面，我们做得远远不够。

父母能陪伴孩子的时间太有限，应当从小就让孩子学会探索与冒险。假如孩子迈出了勇敢第一步后成功了，那么他获得的不仅有成功的喜悦、自信，还有成功的方法。

每一次的独自旅行，都是孩子为自己打造的一场全自主的项目制学习。当孩子表示自己不是“小孩子”的时候，不是要挑战父母的权威，而是想要改变自己的角色，想要获得一定的“自主权”。父母不能嘲笑、打击孩子，而是要抓住这个孩子想要成长、想要证明自己的契机，对孩子提出新的挑战与要求，并且给予孩子充分的鼓励与肯定。

可能有些人会问，未成年就独自出行，这也太不安全了吧？有这个必要吗？万一遇到了孩子解决不了的问题可怎么办？

然而，“成年”的旅程，不是在一日之间发生的，就像罗马不是一天建成的。无论是高中生，还是父母，心里都很清楚：这群青少年很快就要正式进入社会了。与“母体”的脱离，只是迟早的事。而我们即将成为什么样的成年人，则是由我们未成年时的教育和自我教育决定的。

能够锻炼出在真实的场景解决真实问题的能力，正是得益于能够在成年之前，独自遇到路上全部的困难，独自学习去面对。

孩子的人生是他自己的，永远不要试图把孩子禁锢在我们身边。

正如龙应台说的：我慢慢地、慢慢地了解到，所谓父母子女一场，只不过意味着，你和他的缘分是今生今世不断地目送他的背影渐行渐远。你站在小路的这边，看着他逐渐消失在小路转弯的地方，而且，他用背影默默地告诉你：“不必追！”

教育心语

我钦佩一种父母，他们在孩子年幼时给予强烈的亲密，又在孩子长大后学会得体地退出，照顾和分离都是父母在孩子身上必须完成的任务。亲子关系不是一种恒久的占有，而是生命中一场深厚的缘分。我们既不能使孩子感到童年贫瘠，又不能让孩子觉得成年窒息。

做父母，是一场心胸和智慧的远行。

Chapter 4

发现自我：唤醒孩子内在的力量

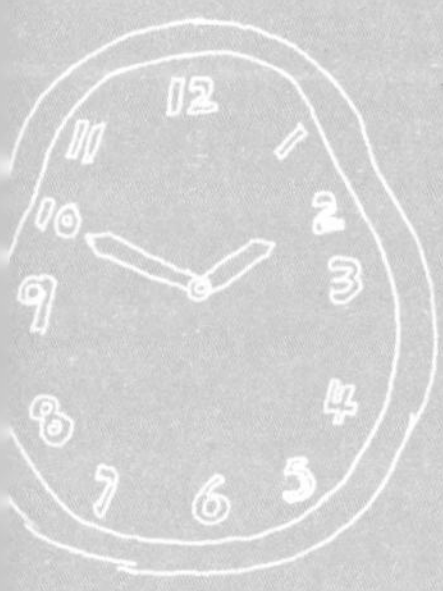

孩子都是一粒种子，只是花期不同

教育是开发生命的事业，每一粒种子都有适合自己的土地；每一棵草都会开放出自己的花朵；每一个人都有其存在的独特价值，都各有所长，都可能是优秀的；每个孩子都有开花的季节，有属于他自己的灿烂的日子！

科学家芭芭拉·麦克琳托克 81 岁才获得诺贝尔生理医学奖，她说："我是一朵秋天里的雏菊，我相信，不是每一朵花都在春天里开放。"

当我们面对孩子时，我们是否尊重了孩子成长发展的规律，是否做到了耐心地等待他的绽放？请相信，我们每个孩子都是一朵花，每朵花都有属于他自己开放的季节，一旦找到了属于自己的开放季节，就会开放得无比绚丽。

等待花开，每个孩子都有自己灿烂的季节。

俗话说：人过四十，天过午。假如一个人年过半百，还会迎来事业、爱情的第二次光辉吗？在凡人眼里，这几乎是不敢想象的事，但有一个人做到了。

这是一名诞生在一个商人家庭里的德国人，自小喜欢演员这个职业。20 岁那年，由于天生丽质和出色的演技，她被

“钦点”为战争宣传工具。几年之后，德国战败，她因此受到牵连，被判入狱 4 年。刑满释放后，她想重回自己爱好和熟悉的演艺圈。然而，尽管她才华横溢、演技出众，由于历史上的污点，主流电影媒介处处对她警惕防备、敬而远之，大好的金色年华就这样付之东流。一晃十几年过去，年近半百的她依然独来独往、形单影只。

她的 50 岁生日就在这样的日子中到来了。那一天，她大醉了一场，醒来之后，做出了一个让人意料之外的决定：只身深入非洲原始部落，采写、拍摄独家消息。这之后的两年，她战胜重重艰苦，顶住心理、生理上的巨大压力，拍摄了大量努巴人生活的影片，一举奠定了自己在德国摄影界的位置。

为了在海底世界中发挥自己的拍摄才干，她在 68 岁那年开始学习潜水。她的作品集中也因此多了瑰丽多彩的海洋记载。这段海底拍摄生活一直持续到她百岁高龄，最后，她以一部时长为 45 分钟的优美短片《水下世界》写下了纪录电影的一个里程碑，也为自己的艺术生涯画上了一个完满的句号。

这位充满传奇色彩的女性，就是被《时代周刊》评为 20 世纪最有影响力的 100 位艺术家中唯一的女性莱妮·丽劳斯塔尔。她以前半生波折、后半生瑰丽的传奇阅历告诉人们：胜利没有时间表。只要时刻坚持自信和挑战的雄心，生命的硕果就会永远如影相随。

回味这个故事，我联想到自己教育一个“学困生”的经历，颇有感触。

彤彤是一个智力平平的孩子，在班里的表现算不上亮眼，作业的完成情况也时好时坏。对她，我费了九牛二虎之力，可她的成绩还是差强人意，我曾经几度对她失去了信心。可之后偶尔的几次作业，她总能得到“良好”，甚至还能得到“优秀”，这令我对她刮目相看，同时也增加了少许的疑惑。

这时，我没有去惊扰她，而是静静地细心观察和等待。我发现她脸上的笑容逐渐地多了，每次课堂上与她目光相接，她也不再躲躲闪闪，而是有了一些自信。

自那以后的一段时间，我不再把她当作“学困生”来辅导，而是让她有更充裕的时间自己去仔细地考虑每一个问题，有更充足的时间细致地完成每一项作业。

一学期下来，她的各方面表现都达到了班级的中上游水平。

家长会上，当我看到彤彤那充满自信的目光和她母亲宽慰的笑容时，我深深地理解了教师的一个无意中的等待有时候对一个孩子，尤其是学习有困难的孩子显得多么重要！是等待让她重新感悟和看到了自信与希望，是等待给她带来喜悦与幸福。

人不是一件东西，他是一个置身于不断发展过程中的生命体，在生命的每一时刻，他都正在成为却永远尚未成为他能够成为的那个人。在学生不断成长的过程中，如果教师在教育生活中学会等待，就一定会收到“有心栽花花不开，无心插柳柳成荫”的教育效果。

等待是一种宽容，也是一种教育，更是一种成功。让我们每一个人都学会等待！

教育心语

叶圣陶先生说过，教育是农业而不是工业，需要耐心等待。静心教育，静待花开。其实每个孩子都是一粒种子，我们需要因材施教用心培育，尽心培养，孩子总有绽放的一天。

每个孩子的性格各异，脾气性格不同，处事方法及学习态度不同，如果我们缺乏耐心，就发掘不出孩子的潜能，无法让种子向上生长，因此静待花开也是一种智慧。

自信的孩子会“发光”

自信心是孩子潜力的“放大镜”。正如范德比尔特所说：“一个充满自信的人，事业总是一帆风顺的，而没有信心的人，可能永远不会踏进事业的门槛。”

“自我完善，是教育的真谛。”“有效的教育，是自我体验，外在的东西，收效甚微。”“建立合理的自我意向，给孩子一个成功的机会，也许就是他走向成功的云梯。”这是我在许多场合常说的三句话，也是我当年做班主任工作的基本教育理念。

人生能有几回搏？无数成功的例子告诉我们，一生中能拼搏的机会不多，关键是看你能不能把握。我们应该把握每一次机会，挑战自我，向成功迈进。当然，在这条拼搏的路上，我们并不总是一帆风顺，有时也会遇到风雨，甚至还会碰到暗礁，但是我们不应该灰心丧气。要知道，成功不是轻而易举的事情，我们要学会从失败中总结经验教训，才能更好地走向成功。

那么，怎样在失败中重新认识自我，怎样从失败的低谷中爬起来向成功迈进呢？首先，失败了不要气馁，因为我们还有机会拼搏。机会是属于我们的，就看能不能把握。其次，应该寻找失败的原因，知道“我为什么失败”，因为找到失败的原因，才能从失败中爬起来。如果我们不总结经验教训，那么就会一错再错，到头来只会再次失败。

由此可见，最重要的一点就是发现失败的原因，从而努力克服这些弱点。我们应从不断的失败当中吸取经验教训，千万不能放弃。放弃意味着永远不能成功。但我们要到达成功的彼岸时，也不能骄傲自大，毕竟一两次的成功算不得什么。在人生的道路上，还有更多的挑战在等待着我们。

在人生的道路上，我们要想获得成功，走捷径是行不通的。我们必须踏踏实实才能最终达到理想的彼岸，只有不断拼搏，才能实现自己的人生价值。

我教过一个学生。她刚进我们班的时候语文成绩并不是很好，甚至可以说是非常不好，只有8分。因为是转校生，自己成绩又不好，所以她从来不和别人一起玩。

第一次写作文，她在作文本上写了一句话："对不起！老师，我没有写过作文，您不要对我抱有多大希望，过不了两个月，我也会从这儿转走的。"

她对学习的漠然和无可奈何，让我深感痛心。面对这种情况，我首先争取她家长的配合，给她单独设计了一份作业计划：每天坚持读一篇文章，抄十个词语。

在这期间的任何一次考试，我从来没给过她一次分数，每一次我都会给她一些鼓励的语言："书写很认真，看得出你很努力！""看了这份试卷，你是否觉得自己已经进步了很多？我真为你高兴！""从你的作业中我看到了你的踏实、勤奋，再加把劲！"……

一年半后，我才开始给她在试卷上打分数，她终于第一次得到了自己的学习成绩分数：70分。她的欣喜和同学们对她的态度让我深深认识到：当孩子体验到学习成绩带来的欢乐时，也就体会到了做人的尊严。

自信是治疗挫折的良方，一个具有强烈自信心的人，能比较好地面对挫折。我们知道，挫折无非是一种心理感觉，而成功是一种外界的评价。要引导孩子认识成功路上往往会遭受到暂时挫折的道理。

孩子心理受挫的原因十分复杂，它与孩子追求的目的、需求的特点与性格分不开，孩子受到挫折时，往往有下列几种心理：一是把自己禁锢在一个自我的圈子里，尽量避免同现实人群的接触；二是虚妄幻想，现实不能满足自己的需要，便在幻想中想入非非；三是制造极端，在自己的需求得不到满足时，以极端的方式来制造自我表现的机会；四是自暴自弃，想方设法为自己的失败解释，或是采取一种相反的行为；五是逆反行动，出错以后在情绪、行动上产生一种对有关的任何事物都会抵触的反应。

对孩子进行耐挫教育的方法有几种，一是积极引导教育，抓住孩子错误的行为进行分析，二是情景假设教育，模拟生活场景，给孩子在生活当中提出一种假设，让其经受短期的受挫教育，在行动当中受到锻炼。

一个人总会有挫折，但教育应该让孩子不断努力克服挫折，保证他在正确的轨道上前进。

教育心语

人的一生是短暂的，怎样活着才更有意义呢？只有拼搏。当今世界，竞争无处不在，我们要生存，要发展，就要有竞争意识。前有标兵，后有追兵。我们不能放松警惕，因为任何人都可能超过自己。光有竞争意识还不行，我们还要努力奋斗去争取，要不然任何目标都是缥缈的仙山琼阁。

人生能有几回搏？孩子们，让我们趁着大好时光奋力拼搏吧！

努力成为自己的“盖世英雄”

古往今来，孩子的成长并不全是一帆风顺的。有的孩子步履出错，有的险入迷津。西汉贾谊说：“贵绝恶于未萌，而起教于微眇。”防微杜渐应该成为家庭教育的新课题。

在我国民间广泛流传的“吾儿磨尽三缸水，唯有一点似羲之”的故事，讲的就是王献之在父母的严格要求下，为了练写点、竖、平、撇、捺中这个“点”，光磨墨用的水，就有三缸之多。可即便如此，他也才练得与他父亲写的差不多。

正当王献之的书法技艺与日俱增的时候，一种自满情绪也悄悄在他心底滋长。

一次，王羲之到书房找王献之，发现他并不在，书桌上还放着一幅没有写完的大字。王羲之仔细一看，“鹅”字的“我”旁竟忘写了一个点。王羲之摇了摇头，顺手拿过笔，将那漏掉的点补上。

王献之在外面玩够了，忽然想到父母留下的作业还没有做完，便急忙赶回书房补写。写完后，他拿去给母亲看，还自我夸耀，说自己写的字已经快赶上父亲了。

母亲接过王献之的字，端详了一阵子说：“你写的字比父亲写的差多了，不过这‘鹅’字上的一点，倒很像你父亲的笔迹。”

王献之听了一愣，忽然想起自己光想去玩，忘了加点，这究竟是谁给我添上的呢！当他知道父亲已经回到家里时，才恍然大悟。同时，他想到母亲一眼就看出这个点和其他笔迹不一样，说明自己写的字确实比父亲写的字差得太远了。

想到这里，王献之很惭愧，便主动向母亲承认错误，表示以后再不骄傲了，一定像父亲年轻时那样勤学苦练。

父母要像园丁一样用心血和汗水化作春雨，催开绚丽的鲜花。子女也会在父母的指导和帮助下，振作精神，认准方向，鼓足干劲，学习成才。只要父母具备一双慧眼，子女有一颗不甘后进的心，父母便可及时洞察子女的不良苗头，催化工作将不会徒劳无功。

在这个社会里，每个人都很重要。

因此，任何时候都不要看轻自己。把“我很重要”当作自己的信念吧！想让别人相信你，自己要先相信自己。也许你的人生会由此揭开新的一页。

其实，不断尝试可以使我们发现自己生命中优秀的潜能。每一个人的生命都潜藏着许多自己也不知道的能量，如果不去尝试，这些能量就永远没有机会大放异彩。因此，父母和家长要经常鼓励孩子，鼓励他们勇敢向前，勇于尝试，也许就可以找到打开锁住他们才情的钥匙。世上许多美好的诞生，有时只因一次不经意的尝试。

如果孩子找到了自己的特长所在，接下来最重要的就是坚持。失败大都是陷于半途而废的泥潭，而成功几乎都是从倦怠的泥潭中突围出来。世上没有等来的伯乐，最好的伯乐往往是自己。

有一个生长在孤儿院中的男孩，常常悲观地问院长："像我这样没有人要的孩子，活着的意义是什么呢？"院长总是笑而不答。

有一天，院长交给男孩一块石头，说："明天早上，你拿这块石头到市场上去卖，但不是'真卖'，记住，不论别人出多少钱，绝对不能卖。"第二天，男孩蹲在市场角落，意外地有好多人要向他买那块石头，而且价格越出越高。回到院内，男孩兴奋地向院长报告，院长笑笑，要他明天拿到黄金市场去卖。在黄金市场，竟有人出比昨天高10倍的价钱要买那块石头。最后，院长叫男孩把石头拿到宝石市场上去展示。结果，石头的身价较昨天又涨了10倍，由于小男孩怎么都不卖，竟被传成是"稀世珍宝"。

男孩兴冲冲地捧着石头回到孤儿院，将这一切禀报院长。院长望着男孩徐徐说："生命的价值就像这块石头一样，在不同的环境里就会有不同的意义。一块不起眼的石头，由于你的珍惜、惜售而提升了它的价值，被说成是稀世珍宝。你不就像这石头一样？只要自己看重自己、自我珍惜，生命就有意义、有价值。"

院长的话不乏道理。一个人的价值如何决定固然与环境有关，但更重要的是你自己如何定义生命的价值。人生路上，我们会无数次被自己的决定或碰到的逆境击倒，让我们觉得自己似乎一文不值。但无论发生什么，只要你坚定地向自己认定的目标进发，就永远不会丧失价值。

当一个人找到人生的价值和意义所在之后，他就有了主动改造环境的动力，就能朝着既定目标不断努力。即使历经再多风雨，也从不轻言放弃。一个人的生命价值不在于结交的人物，不在于有多少财富，而在于他本身。

人的一生不能靠天，不能靠地，更多的是要靠自己。在学习生活中，父母与老师也只是引路人。

教育心语

奥斯特洛夫斯基说过：人只有对社会有所奉献，一生奋斗不息，才能自豪地感受到自我存在的价值。不是每个人都能享受到名扬世界的荣誉，但奉献的快乐可以为千千万万的人所享受。不管是哪一种形式，乐于奉献的人生总是有价值的、让人快乐的、让人满足的。这样的人生，也是值得骄傲、无比美丽的！

别在该奋斗的年纪选择安逸

古往今来，奋斗一直是人们津津乐道的一个话题。“业精于勤而荒于嬉，行成于思而毁于随。”“天才是 1% 的灵感，加上 99% 的汗水。”奋斗是成功的基石，要让孩子懂得奋斗的道理，让他们懂得原本学习的道路上没有平坦的大道，只有奋斗，才有希望到达光辉的顶点。奋斗之歌悦耳润心！

有这样一句格言：航海者虽然要比观望者多风险，却更有希望到达彼岸。当一个人面对风险，只有不怕风险，勇于与困难搏斗，才能到达希望的彼岸。可以说，在一个人的人生征途中，面临的最大风险不是外部的挫折，而是自己的动摇和退缩，是失去拼搏精神。

数学家陈景润在向数学高峰攀登的征途中，衣带渐宽终不悔，为伊消得人憔悴。他在十分困难的条件下艰苦探索，终于摘取了数学皇冠上的明珠。他的成功，来自于坚持不懈的奋斗精神。我们也应该向他学习，找到自己愿为之奋斗一生的目标，去追求，去探索，去拼搏，去奋斗。在不断的成功和失败中，体会人生的哲理，走上自己特有的人生之路。

我们常常思考，生命的意义是什么？马克思是死在工作的轮椅上，写字台上还摊着尚未写完的《资本论》第三卷；鲁迅逝世前还带病翻译果戈理的《死魂灵》；竺可桢逝世前的一天，还在病床上用颤抖的手修改文稿……这些动人的事例，像一道炽烈的光，照亮了我们人生的道路。人生的意义和价值，就应该是对事业的执着追求和奋斗，对社会无止境的贡献！

梁启超就教育子女要有追求，要自我奋斗。

梁启超的长子梁思成在国外学建筑，一次，他写信告诉爸爸说："美国那种仿古的教学方法太死板，能不能学习中国绘画的方法去设计？就怕到头来成为画匠。"梁启超看后喜欢极了，随即回信，亲切地说："你有这种感觉，便是你的学问在这时期内将发生进步的特征……孟子说：'能与人规矩，不能使人巧。'凡学校所教与所学总不外规矩方圆的事，若巧则要离了学校，方能发现……将来你学成之后，常常找机会转变自己的环境，扩大自己的眼界和胸怀，到那时候或者天才会爆发出来，今尚非其时也。"他要求思成"莫问收获，但问耕耘"，要一面不可骄盈自满，一面又不可怯弱自馁，尽自己能力奋斗，做到哪里是哪里，如此则可以无入而不自得，而于社会，也总有多少贡献。

在思成留学三年的时候，父亲把握好火候，对儿子说："凡做学问总要'猛火熬'和'慢火炖'……循环交互。在慢火炖的时候才能令所熬的起消化作用，融洽而实有诸己。思成，你已经熬过三年了，这一年正该用炖的工夫。不独于你身子有益，即为你的学业计，亦非如此不能得益。"思成遵照父亲的要求，在身子和学业上熬炖交替，不断得到提高。

梁启超的次子思永在美国哈佛大学读考古专业。一次，思永要想回国实习，并搜集一些野外资料。梁启超非常支持，并积极设法给儿子在国内安排机会，联系去山西考古，与欧洲学者去新疆考察，还说："跟着欧洲著名学者作一度冒险（之类）的旅行，学得许多科学的研究方法，也是于终身学问有大益的……"思永到国内深入实际，调查研究，不断长进，终于成长为考古学家。

梁启超的子女中人才济济，堪称"满门精英"。这都离不开梁启超的教导。

钢琴家郎朗说过："有些能力的确是天生的，但是天赋并不意味着你会通过更少的努力获得更大的成就。人生是一步一步来的，走了这一步才有下一步。"我们常说"越努力，越幸运"，就是这个道理。一个人只有不断努力，不断积攒运气值，才能量变达到质变，最终获得自己想要的"开挂"人生。

强者谈坚持，弱者谈喜欢。与其在别处仰望，不如踏踏实实奋斗，成功的彼岸也许遥远，但不断前进，总会有上岸的一天。在该努力的时候不遗余力，是对人生最大的负责。

所以，在该奋斗的年纪一定要奋斗，哪怕暂时看不到结果。现在努力，换来将来的省力。咬咬牙，熬过这些艰难的时光，属于你的光芒终将绽放！

一个人的理想和抱负是自我概念的重要成分，它们拥有动机和调节行为的身份，在计划、引导和调节个体行为当中具有重要的作用。人的行为总是试图在奋斗中实现理想，把自己的理想与社会目标保存一致性。在孩子的成长过程中，家长必须为孩子树立一些学习的榜样，奋斗的目标，使其实现人生的价值！

一个人的理想和抱负是自我概念的重要成分，它们拥有动机和调节行为的身份，在计划、引导和调节个体行为当中具有重要的作用。人的行为总是试图在奋斗中实现理想，把自己的理想与社会目标保存一致性。在孩子的成长过程中，家长必须为孩子树立一些学习的榜样，奋斗的目标，使其实现人生的价值！

教育心语

从某种意义上说，家庭也是竞技场，有的父母及其子女具备相当优势，父母德才双馨，子女学业、事业更容易有成，而且更有发展的潜力。如果把子女比作纯洁无瑕的良玉，父母就像心灵手巧的匠人。只有父母正确引导，不断鼓励，子女才会努力奋斗，终成大业。这样的家庭教育，才是最有意义的！

真正的敌人，是没有坚强的信念

坚持是世界上最简单同时也是最困难的事情，因为人人都能做到，却未必人人都做得到。只有那种即便一件简单事都能坚持做到底的人，才可能有所成就。

开学第一天，苏格拉底对学生们说：“今天，我们只学一样东西，就是甩胳膊。”他示范了一下，所有学生都笑了。

“老师，这还用学吗？”一个学生打趣道。

“当然，”苏格拉底很严肃地回答道，“这件事只是看起来简单，实际却很困难”。听到这话，学生们笑得更厉害了。

苏格拉底一点也不生气，他说：“这堂课，大家好好学这个动作。学会以后，从今天开始，每天你们都要把它做100遍。”

10天之后，苏格拉底问：“谁还在坚持做那个甩手动作？”大约80%的学生举起了手。

20天之后，苏格拉底又问：“谁还在坚持做那个甩手动作？”大约50%的学生举起了手。

3个月之后，苏格拉底又问：“谁还在坚持做甩手动作？”这一次，只有一位学生举起了手。他就是古希腊另一位大哲学家、大思想家——柏拉图。

信念是人生路上的一位忠实的朋友，它会时时在潜意识里鼓励你。这种信念一旦形成，就会成为伴你一生的动力。

我曾给学生讲欧·亨利的小说《最后一片叶子》，文章讲的是苏、琼西和贝尔曼这三位画家的故事。

三位画家同住一栋楼里。这年的冬天特别冷，琼西不幸惹上了在当时是不治之症的肺炎。

苏把琼西送进了医院治疗，并问医生能不能治好琼西的病。医生说：只有十分之一的希望，而这一分希望就是病人有强烈的活下去的信心。

琼西知道自己得了不治之症，她住的病房可以看到一面洁白的墙和墙头上伸出来的藤叶。天一天比一天冷，藤叶在不断往下掉。

琼西在一遍又一遍数着那藤叶，她告诉苏，那最后一片藤叶掉下时，她也就到天国去了。树上的藤叶越来越少了，琼西数着“十”“九”“八”……眼看今晚就可能全掉光。

苏把这些情况告诉了同住一楼的老画家贝尔曼。晚上起风了，下雨了……第二天，琼西看到窗外藤枝上还有一片碧绿的藤叶，第三天琼西看到窗外藤枝上还有一片碧绿的藤叶，第四天琼西看到窗外藤枝上还有一片碧绿的藤叶……

就是这一片永远没有掉下的藤叶，使琼西战胜了疾病。原来这永远的一片藤叶，是老画家贝尔曼画在墙上的。而就是这一片永远没有掉下的藤叶，使琼西从生命的严冬走向了生命的春天。这就是信念的魅力！

无独有偶，近日我又看了一篇名为《一壶救命水》的文章，讲述的是50多年前发生在大西洋上的一件事。

“詹姆士”号海轮已经连续航行了10多天，再需半天时间，就要到达目的地，突然船舱起火，摇摇欲坠，眼看就要沉没，乘客们慌忙逃命。

大副杰克逊等7人则死死抓住救生艇，漂浮在海面上。在这时，对他们构成生命威胁的不是没有食物，而是没有水。但只有杰克逊一人胸前挂着一个水壶，而杰克逊则坚持只有生命到达极限时，才能动它。

怀着对水壶中水的希望，其中6人煎熬着，赢得了获救的时间。待他们醒来时，才发现水壶中根本就没有水，是杰克逊虚构了一个希望，使他们得以坚持。如果不是这样，也许早就有人挺不住葬身海底了。

这两个事例告诉我们，信念、希望有时对人特别重要。

因此，不管是父母还是教师，都不应随意打破孩子的信念和希望，而是要帮助孩子在心中播撒下希望的种子，让孩子在对未来的美好憧憬中茁壮成长。只有这样，教育才能真正进入孩子的心中，唤醒孩子内在的力量，启发孩子的无限动力。

信念就是孩子心中的不落的“藤叶”，我们要精心呵护！

教育心语

有的孩子敢于挑战，可以战胜一切困难；可有的孩子连生活上的一些小事都做不好。其实，归根结底还是“信念”在作怪！

那些面对困难，迎难而上的孩子，他们对于自己的行为都保持着一种内在化的认知，那便是坚定的信念——我的人生我选择，我的选择我负责。所以，他们走向了成功。而有的孩子惧怕失败、胆小自卑，往往是因为缺少了这样的信念。

年轻的大脑天生就要探索

爱因斯坦说过："我们体验到的一种最美好、最深刻的情感，这就是探索奥秘的情感；谁缺乏这种感情，他就丧失了在心灵的神圣的战栗中如醉如痴的能力，他就可能被人们认为是个死人。"

在每一个幼小的心灵里都存放着探索求知的火药。有了探索，有了求知，孩子可以打开世界的大门，去发现世界的美好，去发现世界的多彩。

孩子自己主动探索获取的新知识，比我们干巴巴地传授知识，能取得更好的效果。观察是智慧最重要的能源，从观察中不仅可以汲取知识，而且知识在观察中可以活跃起来，激发孩子对探索的兴趣。

欧拉是数学史上著名的数学家，他在数论、几何学、天文数学、微积分等好几个数学的分支领域中都取得了出色的成就。不过，这个大数学家在孩提时代却一点也不讨老师的喜欢，他是一个被学校除了名的小学生。事情是星星引起的。

当时，小欧拉在一个教会学校里读书。有一次，他向老师提问，天上有多少颗星星。老师是个神学的信徒，他不知道天上究竟有多少颗星，圣经上也没有回答过。其实，天上的星星数不清，是无限的。我们的肉眼可见的星星就有几千颗。这个老师不懂装懂，回答欧拉说："天上有多少颗星星，这无关紧要，只要知道天上的星星是上帝镶嵌上去的就够了。"

欧拉感到很奇怪："天那么大，那么高，地上没有扶梯，上帝是怎么把星星一颗一颗镶嵌到天上的呢？上帝亲自把它们一颗一颗地放在天幕，他为什么忘记了星星的数目呢？上帝会不会太粗心了呢？"

他向老师提出了心中的疑问，老师又一次被问住了，涨红了脸，不知如何回答才好。老师的心中顿时升起一股怒气，这不仅是因为一个才上学的孩子向老师问了这样的问题，使老师下不了台，更主要的是，老师把上帝看得高于一切。小欧拉居然责怪上帝为什么没有记住星星的数目，言外之意是对万能的上帝提出了怀疑。在老师的心目中，这可是个严重的问题。

在欧拉的年代，对上帝是绝对不能怀疑的，人们只能做思想的奴隶，绝对不允许自由思考。小欧拉没有与教会、与上帝"保持一致"，老师就让他离开学校回家。但是，在小欧拉心中，上帝神圣的光环消失了。他想，上帝是个糊涂虫，怎么连天上有多少颗星星也记不住？他又想，上帝是个独裁者，连提出问题都成了罪。他又想，上帝也许是个别人编造出来的家伙，根本就不存在。

回家后无事，他就帮助爸爸放羊，成了一个牧童。他一面放羊，一面读书。他读的书中，有不少数学书。

爸爸的羊群渐渐增多了，达到了100只。原来的羊圈有点小了，爸爸决定建造一个新的羊圈。他用尺子量出了一块长方形的土地，长40米，宽15米，他一算，面积正好是600平方米，平均每一头羊占地6平方米。正打算动工的时候，他发现他的材料只够围100米的篱笆，不够用。若要围成长40米，宽15米的羊圈，其周长将是110米(15+15+40+40=110)。父亲感到很为难，若要按原计划建造，就要再添10米长的材料；要是缩小面积，每头羊的面积就会小于6平方米。

小欧拉却向父亲说，不用缩小羊圈，也不用担心每头羊的领地会小于原来的计划。他有办法。父亲不相信小欧拉会有办法，听了没有理他。小欧拉急了，大声说，只要稍稍移动一下羊圈的桩子就行了。

父亲听了直摇头，心想："世界上哪有这样简单的事情？"小欧拉却坚持说，他一定能两全其美。父亲终于同意让儿子试试看。

小欧拉见父亲同意了，站起身来，跑到准备动工的羊圈旁。他以一个木桩为中心，将原来的40米边长截短，缩短到25米。父亲着急了，说："那怎么成呢？那怎么成呢？这个羊圈太小了，太小了。"小欧拉也不回答，跑到另一条边上，将原来15米的边长延长，又增加了10米，变成了25米。经这样一改，原来计划中的羊圈变成了一个25米边长的正方形。然后，小欧拉很自信地对爸爸说："现在，篱笆也够了，面积也够了。"

父亲照着小欧拉设计的羊圈扎上了篱笆，100米长的篱笆真的够了，不多不少，全部用光。面积也足够了，而且还稍稍大了一些。父亲心里感到非常高兴。孩子比自己聪明，真会动脑筋，将来一定大有出息。

父亲感到让这么聪明的孩子放羊实在是可惜了。后来，他想办法让小欧拉认识了一个大数学家伯努利。通过这位数学家的推荐，1720 年，小欧拉成了巴塞尔大学的大学生。这一年，小欧拉 13 岁，是这所大学最年轻的大学生。

孩子的学习是在探究具体事物和解决实际问题中，尝试发现事物间的异同和联系的过程。孩子在对自然事物的探究和运用数学解决实际生活问题的过程中，不仅获得丰富的感性经验，充分发展形象思维，而且初步尝试归类、排序、判断、推理，逐步发展逻辑思维能力，为其他领域的深入学习奠定基础。

教育心语

探索是孩子学习知识、发展能力的必要途径。培养孩子的主动探索的能力，能丰富孩子的生活和积累各种知识，也能锻炼孩子的意志、发展孩子的特长，更能激发他们对科学的兴趣。如果从小培养这种探索精神，就会使他们在以后的工作学习中更加努力地探索、发现周围的世界，促进自身的发展。

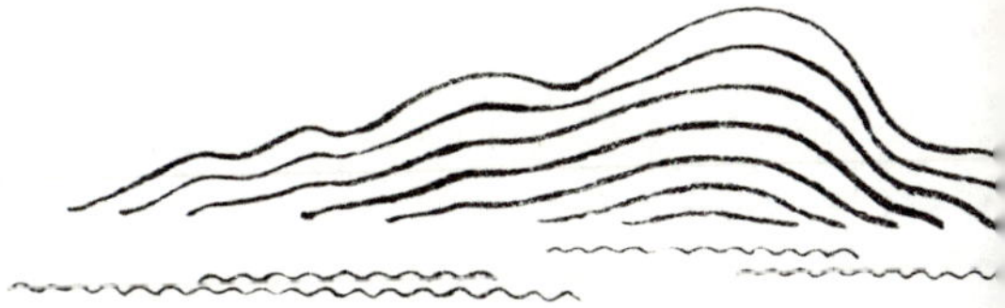

Part 2

教学有方：营造开放互动的学习氛围

教 育 的 智 慧

Chapter 5

教育机智：促进孩子成长的基本能力

修炼冷静理性，让孩子静下来

教学过程是一个控制系统，是一种特殊的认识活动。作为教学活动中的主体，学生的认识水平、道德情感各不相同，因而在教学过程中随时可能发生各种意外情况。如何把课堂上的意外情况及时引导进教学的艺术构思，这就要求教师时刻保持冷静理智，提升自己的自制力和自控力。

课堂教育智慧是一种转化师生矛盾的艺术，是一种正确处理教与学矛盾的技巧。

苏霍姆林斯基指出：“教育的技巧的全部奥秘就在于热爱每一个学生。”我国著名的教育家陶行知先生告诫我们：“你的教鞭下有瓦特，你的冷眼里有牛顿，你的讥笑中有爱迪生。”这些名言和警句都值得我们记取和深思。

作为一种培养人的社会实践活动，在教育过程中，师生之间不是简单的主体与客体的关系，而是教育主体与受教育主体间双向交流的关系，尊重学生是确立和发展学生主体性的基础。为此，教师要主动接触学生，了解学生的需要并为学生提供力所能及的帮助。一个教师只有内心如火一般炽热地热爱学生，秉持着对每一个学生负责、为全体学生服务的信念，才能不断掌握、积累和发展自己的课堂教育智慧。

四川的李镇西老师曾经跟我讲，他们学校有一位语文老师叫周艳。一次上《故宫博物院》这一课时，她提问学生“世界有哪四大宫殿”。这个问题把学生难住了，很多同学都一脸疑惑，回答不上来。这时一个学生说：“故宫。”这个学生很聪明，心想老师上《故宫博物院》时问“哪四大宫殿”，虽然不知道另外三个宫殿，但故宫博物院肯定在“四大”之内。

周老师表扬了他，然后继续问大家：“还有呢？”学生们都说不出了。

这时有个男生大叫：“还有子宫！”教室里传来一阵笑声。很显然这个答案是他胡说八道的，而且很有可能他是想故意扰乱课堂，哗众取宠。很快，教室安静了下来，大家都想知道周老师会怎么处理这个同学。

周老师走到这个男生面前，笑眯眯地说：“其实，你答得真好！”同学们面露惊讶。周老师继续说：“因为子宫的确是人类最伟大的‘宫殿’！”在这里，周老师偷换了概念。但这种“偷换概念”是必要的，也是必需的。这是教育智慧的需要，也是教育智慧的体现。周老师的表情庄严而神圣起来，说：“子宫，真的让我们人类肃然起敬。它是胎儿的宫殿，是我们所有人，当然包括在座同学们的生命摇篮，因此，我的确认为它是世界上最伟大的宫殿，也是最神圣的宫殿。对着伟大而神圣的宫殿，我们应该怀有敬意，而不应该轻慢地谈论。”在这里，周老师很自然地对孩子进行有关敬畏生命的教育。

最后她说：“当然，这节课我们主要研究的不是这个问题，现在我们回到刚才的话题。我们把这个问题交给生物老师，下次生物课的时候再讨论，好吗？”

你们看，周老师的处理多好！这就是教学智慧。

我还想起一节语文课。

一位教师讲授宋朝诗人曾巩的《三衢道中》，当他讲到“绿阴不减来时路，添得黄鹂四五声”一句时，班上一个男同学竟然忘乎所以地学着黄鹂鸣叫了一声。顿时，全班安静了下来，大家都盯着老师，等待老师处置这位同学。

这位老师冷静了片刻，便微微一笑，巧妙地说：“该同学情不自禁地学起黄鹂的叫声，这不正是受到诗中描写的环境和作者思想感情的感染吗？可见，写黄鹂的鸣叫以渲染环境在表达作者的思想感情方面起了多么大的作用，说明作者描写的真好！大家从这一声‘鸣叫’中一定能体味到作者置身于这样的环境中是一种什么样的心情。”

此时，教室里的气氛缓和了下来，而且这首诗的重点、难点也在这位老师的教育智慧处理中得到解决，那位同学也很认真地坐好听起课来。

这位老师是具有教育智慧的老师！我期待我们所有的老师都有教育的智慧！

无论是家长也好，老师也罢，都需要具备教育智慧，你要懂得：教育智慧是人生经验积累的结果，它常常表现在面对“意外”情况时，你能够抑制激动的情绪，冷静地对待自己的孩子、自己的学生，保持心理上的平衡，从而主动积极地找到解决问题的智慧途径和方法。

教育智慧保留了孩子的空间，保护了孩子内心脆弱的东西；教育智慧防止伤害，将破碎的东西变成整体，使孩子好的品质得到巩固和加强；教育智慧能够加强孩子的独特之处，促进孩子的学习和个性成长。

既然课堂教育智慧是一种应变能力，那么教师是否可以随心所欲地对待教学过程中的随机事件呢？回答是否定的。因为，课堂教育智慧离不开教育方针、教育原则这个总体。课堂教育智慧只是在课堂教育中教师对教育方针、教育原则的灵活运用，是一种教育技巧，因而它在总体上有明确的目的和要求，而在具体做法上又无固定的、一成不变的模式，一切均应视当时的各种条件而定，即因人制宜、因地制宜、因事制宜。而问题就难在这个“宜”字上。

衡量教师在课堂上处理教学偶发事件的“宜”否，可以从理论和实践两个方面来考察。一般地说，凡符合教育方针、教育原则的做法，凡有利于课堂教学顺利进行的做法，有利于体现教师为主导、学生为主体的做法，有利于调动学生学习积极性和主动性的做法，有利于学生学得生动活泼、轻松愉快的做法，有利于提高课堂教学效率的做法，有利于学生德、智、体、美、劳全面发展的做法，均是“宜”的做法，反之则不宜。

当然，教学实践活动中出现的问题是各式各样的，要想给教师的应变能力找出一个固定的模式是不可能的。那么，教师怎样才能获得这种课堂教育智慧呢？

第一，要熟悉教材、教法和学生。

一个教师要教好课和处理好各种偶发事件，必须以“三熟”为基础，即熟悉教材、教法和学生。只有这样，教师才能充分估计可能出现的情况。如果教师能够熟悉教材和教法，并且针对不同的学生，采取不同的教学方法，就可以在很大程度上提升课堂教学的灵活度。比如布置练习题时，教师根据学生的不同水平布置难度不同的题目，既可以保证成绩优异的学生得到充分的练习，又可以避免使成绩较差的学生产生挫败感和自卑感。

教师做到这“三熟”，可以眼观“六路”、耳听“八方”，及时发现问题，还可以在妥善处理好偶发事件后迅速地调整教学思路和方案，使学生的注意力转移得快且自然。

第二，对于不同的问题，要采取不同的方法。

一般来说，对没有偏离教师教学构思的提问，要尽量通过教学过程本身的进展来解答，有时学生的提问正好与教师的教学思路合拍，反而能使教师的教学设计放出异彩；对偏离教师教学思路的问题，要区别不同情况分别对待，有的可当场做出解答，有的可留到课后个别解答，有的可通过教学过程本身的完成触类旁通，有的则可通过变换问题的角度获得解决。

对个别当场回答不了的问题，教师可以发动学生讨论，或者承认自己暂时解答不出来。教师不是无所不知的圣人，但教师需要有这种诚实谦虚的教学态度。

教育心语

冷静理性的课堂教育智慧的形成不是一种天赋，而是来自后天的训练。它并非一种单纯技巧，而是植根于对教育事业的忠诚、对学生浓厚的爱之中，建筑在事业心与责任感的基础之上。它在很大程度上取决于教师本人的思想素质和业务素质，取决于教师热爱学生和全心全意献身于教育事业的赤诚之心。在此，希望我们的教育工作者都能具有较好的课堂教育智慧。

培养解惑思维，让孩子说起来

21 世纪的学生视野开阔，思维活跃，反应灵敏，遇事善于分析，敢于亮出自己的观点。学生的这种主动积极的求索、创造精神，给课堂教学加大了难度。它要求教师不仅要具有知识修养，而且还要有灵活运用知识、机智处理问题和圆满组织课堂教学的能力。

上海市特级教师于漪讲过这样一件事：

有一次，她教《白杨礼赞》还没结束，一个女生就站起来说："茅盾讲白杨怎么美、怎么好，我看不见得。楠木是贵重木材，白杨不成材，白杨怎么会比楠木好？"

对于这意外的提问，于老师并未立即回答，只是说："你敢于发表这样的意见是非常好的。你继续学下去，就会明白其中的道理。"

学完课文，那位同学终于明白了景随情移、缘物写人和课文运用象征手法所讲的道理。

在这一意外情况的处理上，于老师的教育智慧表现在首先肯定了学生肯动脑筋的主动学习精神，继而存疑不答，这样就激起学生继续学习下去的浓厚兴趣，保证了教学过程仍按执教者的艺术构思进行下去。

有人用三个算式分别表示三个不同层次的教学：第一个层次的教学叫“告诉”，用“5×3=15”表示；第二个层次的教学叫“启发”，用“5×3=？”来表示；第三个层次的教学叫“唤醒”，用“5×3=14”来表示。5×3怎么能等于14呢？不对吧？于是大家都会瞪大眼睛，去探讨，去思考。唤醒所有学生，调动所有学生的积极性，让所有学生都投入学习中，这是最理想的教学境界。我努力向第二、第三个境界迈进。凡不需要告诉的，则不告诉；非要告诉，也不要马上告诉，到了不得已时才告诉。但是，“启发”和“唤醒”，并不否定必要的讲解。精当的讲解，既能使学生明白，又有启迪作用。

请看于永正老师在江苏泰州的一个教学案例。

四年级的教材上有一篇课文叫《全神贯注》。主要内容是大雕塑家罗丹邀请著名作家斯蒂芬·茨威格参观他的工作室。到了工作室，他只顾修改刚塑好的雕像了，竟把他的好友忘得一干二净，临走时差一点把茨威格锁在屋子里。后来，茨威格把这件事写了下来，并深有感触地说了这样一句话：“人类的一切工作，如果值得去做，而且要做好，就应该全神贯注。”

教学这篇课文时，于老师未作一点分析，就是引导学生仔仔细细、认认真真地去读书，学生之间、师生之间比着读。读熟之后，于老师说：“茨威格看到了这件事，说了一句发人深省的名言。但名言不一定出自名人之口，老百姓说的话，也有好多名言。你们知道了罗丹的这件事，想不想说点什么？能不能也写一句‘名言’？”

没想到学生的感悟能力竟是这么好！10分钟时间，学生写下了上百条“名言”：

“做什么事都要全神贯注，只要全神贯注，就一定能成功。”

“不满足＋一丝不苟＋全神贯注＝成功。”

“没有最好，只要超过昨天的自己。”

“没有最好，只有更好。”

“不满足现在，只满足未来。”

“人不断地皱眉，就能不断地发现自己的缺点；不断地发现自己的缺点，就能不断地进步。”

还有一位学生写了一首诗：“罗丹罗丹真专心，朋友在家不‘放心’，我们应该学罗丹，全神贯注永记心。”（我称这首诗是“心”字诗。）

该校校长听完课后，感慨万千，说：“没想到孩子的潜能竟这么巨大！”该班的语文老师说：“听着孩子朗读自己写的名言，看着他们激奋的精神状态，我简直不相信这是我教过的孩子。对孩子们我要重新认识，对自己的教学，我要彻底反思。”

是呀，学生说的哪句话不是这篇文章的中心思想？看来，只要给学生留出足够的时间进行思考，学生不仅能从一句话、一段话中发现我们老师可能发现不了的东西，就是一篇文章的主旨，学生也会感悟出来，而且他们的“发现”往往超出了我们老师。学生的表现使我们有了这样一份清醒：不能小看了学生，教学中，要尽量少“告诉”。

教师的“教”过于采用“告诉”的方式，学生的“学”主要靠“接受”的方式，学生的主体性容易置于被动、压抑的状态，主体性、能动性和创造性怎么能得到充分发展？尤其是创造性的培育，在必要的“土壤条件”基础上，让学生自主学习、经历探索发现，无疑是最重要的方法途径。

在新发布的课程改革方案中有这样一句话：“充分发挥实践的育人功能，加强知行合一、学思结合，倡导‘做中学’‘用中学’‘创中学’。”这就要求教师改变教学方式，从教走向学，引导学生学以致用，将学习由“解题”转变为“解决问题”。学生的潜能是很大的，但必须去开发，而且会开发，才能发挥出来。否则，只能永远“潜”在心中。所谓“会开发”，就是教师要树立正确的学生观和教学观。“把发现留给学生”，实际上反映的是一种教学观。

现代教学论的核心是两句话：学生是学习的主人，是主体；教师是引导者，帮助者。教师的责任是唤起并引导学生的学习活动，并使之体验到学习的成就感。现代教学论认为教育最应该看重的是过程，而不是结果。学生在教师指导下自己去探索、研究，即使得到的结论是错误的，它对学生的发展起的作用，与教师直接把正确的结论告诉学生所起的作用，也是不能同日而语的。

我们要奉献给学生创新思维和创造能力。创新思维以积极的求异性、敏锐的洞察力、创造性的想象、独特的知识结构和活跃的灵感为特征。通俗地说，创新思维是一个人积极主动地发现新问题、提出新观点、创造新事物的思维。

那些只知对学生一味灌输知识而忽视创造思维和能力培养的教师，岂不是在舍本而逐末？

因此，教学应当是民主的，师生之间应当是平等的，课堂氛围应当是和谐的，宽松的。只有这样，学生的潜能才会得到开发；把发现留给学生，学生才会有所发现。

教育心语

要培养学生的创新思维和创造力，我们的教师必须有民主的思想、全新的理念、谦逊的作风、宽容的胸怀和创新思维所应具备的思维品质。对学生的求异思维（哪怕一时出现这样那样的失误），我们要给予充分的呵护与鼓励，让一颗颗创新的种子在我们精心守护的园地里破土而出，顶出教育界的一片春天。

保持沟通的顺畅，让孩子动起来

教学活动是一种实践活动。教师的主导作用和教学教育智慧就在于他能够洞察学生的心灵，捕捉学生情绪的微妙变化，及时果断地加以调控，使这一实践活动始终不离教学目标。教师在教学过程中的自我调控力，主要表现在以下两方面：

一是讲授过程的控制。教学中，教师传授知识是凭借讲解、板书、教具等方式向学生发送信息，学生则是利用自身的感官来接收信息。教学信息经学生大脑处理后，以各自的表情、语言、动作将教学效果反馈给教师。教师在讲授的同时，必须充分利用自己的感官来捕捉学生反馈的信息，随时调整讲授的速度及方式，以使信息渠道始终保持通畅。

二是教学主观性的控制。在教学中，教师要做到有目的、有组织、有计划地开展教学活动。教学中偏离正常轨道的现象大体有两种：

其一是由于教师设计的教学环节不当。

比如，一位教师在讲授《小桔灯》这篇文章时，原想通过文中八九岁的小姑娘就很懂事来衬托她共产党员父亲的崇高品质。但他向学生提出了这样一个问题："八九岁的孩子就会做这么多的事，说这样深刻的话，懂得这么多道理，说明了什么？"

学生对此争论了半个多小时，焦点落到了文章这样写可不可信。争论中一直未提到小姑娘的爸爸，教师无所适从，急得直冒汗。

究其失败的原因，关键在于执教者设计的教学环节导向性不明，讨论偏离了“定向”“定度”的控制要求，加之教育主观控制无方，致使无效信息增多，有效信息减少，从而导致教学失控。

其二是由于学生的质疑，经验较少的年轻教师可能无法把控课堂走向，也会造成课堂教学的失控。而有经验的教师，往往能充分利用这一点，恰到好处地调整教学程序，实行新的控制，形成新的高潮，收到良好的效果。

例如，有位教师在总结《春蚕到死丝方尽》这篇课文时，一个学生对文章的题目提出了质疑：课文是篇说明文，介绍的是蚕的成长过程，文题与课文内容对不上号。这一反馈信息，当时几乎使课堂教学失控。

在这种情况下，这位教师没有简单地下结论，而是因势利导，启发学生从文题的基本义和引申义等方面展开合理想象。经过讨论，大家一致认识到文章的标题概括了课文的主要内容：“春蚕”——说明对象；“到死”——说明春蚕生长过程；“丝方尽”——介绍吐丝过程和春蚕的献身精神。文题既有科学性又有文学性，十分恰当。

教师采取这种方式，及时果断调控，不仅使课堂趋于平衡，而且激发了学生的思维，进而加深了学生对课文内容的理解。

我们再来看一下西方国家的课堂。他们的课堂教学偏向于开放，在座位的编排上就很随意，老师与学生的距离很近。他们这样做或许是为了更有利于师生间的交流。学生在课堂上似乎可以为所欲为，只要你不妨碍其他人。不少学生的课桌上摆着饮料和零食，在课堂上喝饮料、吃零食是司空见惯的事情，尤其是一些晚上开课的课堂更是如此。有些学生非常喜欢篮球，绝大多数人都不会放过一年一度的精彩的NBA总决赛，在这种时候上课，你常常会听到教室的某一角微微地传来决赛场上的欢呼声，这是因为有些学生一边听课，一边悄悄欣赏决赛场上的精彩场面。

西方国家的课堂教学气氛活跃，注重课堂上的提问和讨论。西方有句名言："没有什么问题是愚蠢的。"师生间的问与答被认为是创新教育的最有效的形式之一。老师常在课堂上提出问题，然后指导学生自己去查阅书本或网络，以得出自己的答案。而老师有时并没有现成的答案，因而也不急于让各个学生的答案一致，更不会去束缚学生的创见与想象力。

在课堂上，学生在任何时候都可中断教师的讲课，向其提出有关问题，有些活泼的学生会以一些非常幽默的方式提出疑问，引起全班同学的哄堂大笑。而教师大多数都是很有气量的，只要学生并无恶意，不管遇到什么滑稽的问题都不会动怒。宽松的环境加上教师因势利导的提问，能更好地调动每一个学生的积极性，最大限度地发挥学生的创造能力。

另外，在课堂教学中，除了课堂讨论外，教师还经常组织各种各样的辩论赛，通过各种方式来培养学生的思考能力。在课堂教学中，教师也经常引导学生培养批判思维能力。我曾经看到过这样一件趣事：

一位高中教师，多年前第一次给新生上课，他让一个朋友去冒充他上一节地理课。他故意让朋友把课讲得乱七八糟，不合逻辑，但学生还是认真记录，居然没有学生提出不同的意见。

这时，坐在学生中的这位老师举手说："这些内容都在课本里，为什么要我们记呢？"冒充的老师说："等一会儿你就知道了。"5分钟后，这位老师又说："我听不懂！"冒充的老师解释了一遍，学生还是拼命记笔记。

10分钟后，这位老师再次举起手说："还是听不懂！"这时冒充的老师说："要不你来讲吧！"然后，这位真正的老师才走上讲台去开始正式上课。

据说，这种办法已经试用了多年，其目的是引导学生对教师的讲解进行批判性思考，克服学生上课时只会一味听讲和不假思索记笔记的习惯。

相信大家都听过哈佛大学，它在300多年间培育了大量社会精英，其中包括政治家、科学家、企业家、作家、学者和卓有成就的新闻记者。迄今为止，已有8位美国总统、44位诺贝尔奖获得者毕业于哈佛大学。

哈佛的课堂重视的是得出结论的思考过程，它对学生成绩优劣的评分标准是学生在课堂上的主动参与精神。因此，在哈佛的课堂上，学生们为争得能够发言的机会，经常是互不相让，你喊我叫。哈佛的课堂上是没有唯一正确答案的，它没有多少正式的教科书，而是以全世界真实的经济和企业背景为基础，要求学生将理论与现实融合在一起进行思考，强迫学生主动参与课堂讨论，要求学生真正从"政治家""企业家"的角度去思考。

正是这种课堂与社会的紧密结合，最大限度地调动每一个学生的积极性，确保了从哈佛学院毕业的"金子"都能发光。

哈佛的这种教育精神对于我们正在强调弘扬学生的主体地位的中国教育是极有借鉴意义的。我们应该唤起被教育者的主体意识，强化他们的自主精神，这样我们培养的人才，才能创造21世纪的辉煌。

教育心语

课堂是以师生之间、生生之间的沟通为基础的，没有沟通，就不能体现课堂的多主体性，这是新课程改革的基本理念。因此，在课堂中，教师应以参与者、促进者的身份参与学生的学习活动，引导学生质疑、调查、探究，在实践中学习。而要实现这一切，是离不开课堂的全方位沟通的。

捕捉细微的信号，让孩子笑起来

苏霍姆林斯基说过：知识学习是“人类最大的欢乐”，这是人区别于动物的一个特征，追求高级的生命享受是天然禀赋。但是，问一问现在的孩子，“你感到学习是快乐的吗”？大多数孩子都摇摇头，认为学习是苦差事。原因在哪里？我想：一是传统观念“学海无涯苦作舟”的偏差；二是教师教学技艺的低劣及教育检测评价标准、方法非“以学生发展为本”，使学习背离了它的本然属性，异化为“苦差事”。

那么，怎样将学习的快乐特征还回来？

第一，教师要做一个“乐”于学习的人。以满腔的热情投入教学之中，以自己的学、教之乐感染学生。

第二，着力提高教学技艺，顺应儿童少年的本性和教学规律实施教学。目前国内的课程改革，就是遵从“活动是儿童的本能”“游戏是孩子的天使”的心理学原理，倡导让学习体现玩的特征。如教育家洛克所说：“教导儿童的主要技巧是把儿童应做的事也都变成一种游戏似的。”随着儿童、少年的成长，教师要着力让学生在课堂上享受“丰富多彩的、引人入胜的智力生活”，即不再满足于外在形式之乐，而是真正将学生“引入”内在体验的层次，这种快乐会更为恒久。

第三，最为根本性的是致力于主体精神的唤醒。这里面也包括认知乐趣这种天然禀赋的激活，让学生体验到一种自己在亲自参与掌握知识的情感，乃是唤起少年特有的对知识的兴趣的重要条件。

比如，我们在教学生学习二年级语文《四季》时，可以让他们用身体动作表演四季，背诵描写四季的诗，画出自己喜欢的季节，唱四季歌，跳赞美四季的舞蹈。然后，教师选出有代表性的事物，画图提示，让学生练习填写。还可以展示四季不同的景色，让学生猜四季、找四季、画四季、说四季。

学生画自己想画的东西，说自己喜欢的季节，课堂上学生有的画了风筝，说："我喜欢春天，春天能到野外去放风筝。"有的画了螃蟹，说："秋天到了，我能吃到香喷喷的螃蟹了。"还有的说："春天可以去春游。""夏天爸爸戴墨镜。""秋天老师穿上了风衣。""冬天青蛙睡着了。"……直到下课了，学生还在不停地画、不停地说、不停地笑……这样的课，课堂生动鲜活，学生个性飞扬。

将游戏机制引进教学中，并不意味着仅是游戏与教学的简单相加，而是抓住游戏与学习的联结点来帮助学生进行有效的学习，使游戏与学习达到和谐的统一，使学生的学习不是为学习的结果，而是为学习活动本身的乐趣而进行。

因此，游戏式教学又具有一些自身的特点。把学生看作学习的主人，利用教材和生活中的课程资源，让课堂在动态中生成，就可以既使学生明白许多知识，又使他们体验到学习的快乐。这就是现代教育的艺术！

有一个英语老师正在写板书，一个学生用笔在桌上敲打起来。老师听到以后，说了一句很幽默的话："英语课是不需要伴奏的。"

敲击声就悄然隐去，孩子们也笑了，那个捣蛋的孩子做了一个鬼脸。而他做鬼脸的动作恰好被老师捕捉到了，老师马上边模仿边说了一句话："Make a face，这就是做鬼脸。"

孩子们无意之间学到了一个新的英语短语，换句话说，这个老师打开了一扇小小的窗户。

细致入微的观察力是教师课堂教育机智的表现。学生的所思所想，大都通过一定的言语，表情、动作表现出来。一句小声的嘀咕，也许是学生思想疙瘩的流露；一个困惑的眼神，可能说明了他们学习中的疑难。学生的举手投足，一笑一颦，无不反映出他们的内心世界。

这些信号，教师要迅速地捕捉住，并据此做出不同的判断，随时调整自己的教学方法、教学容量和教学步骤：方法单调了，可以放灵活些；容量太大了，可以精简一些；步骤烦琐了，可以简化一些。这就是教育机智。

智慧型教师不但要善于"处理鲜活的、具体复杂情境和过程中的各种情况"，而且要学会在课堂上察言观色，能透过学生的一言一行，甚至能通过观察学生的一个眼神，把握学生的学习心理，有针对性地调动学生的思维积极性。课堂上那一双双眼睛就是一个个教育信息窗口。学生的眼神意态，就是无声的教学反馈：有的透出自信，有的含着怯懦；有的表露出强烈的表达欲，不吐不快；有的显得胸有成竹，不屑一谈；有的锁眉沉思，有的茫然淡漠；有的表示心领神会，有的则百思不解……我在教学中总是用心洞察这些眼神，从中了解学生的学习心理，因材施教。

我国古代伟大的教育家孔子说过，教学生要“视其所以，观其所由，察其所安”(《论语》)。这样才能“知其心，然后能救其失也。教也者，长善而救其失者也”(《学记》)。

这就是说，教师在教学中只有善于观察学生的心理变化、情绪起伏和思维流向，才能采取相应的措施，解决学生的问题，获得教育的主动权和最佳方法。可见，观察力是教师获得教育机智的先决条件。

教育心语

敏锐的观察力，是一个教师最宝贵的品质之一。对一个有观察力的教师来说，学生的欢乐、兴奋、惊奇、疑惑、恐惧、受窘和其他的内心活动的最细微表现，都逃不过他的眼睛。如果教师不善于捕捉学生这些表现，就很难成为学生的良师益友。

碰撞变通的火花，让孩子嗨起来

每位教师上课之前都要认真备课、钻研教材、确立教学要点，根据学生的实际，设计教学的各个环节。实际上，在具体教学时，教师完全依照教学设计的方案去实施的情况是很少的，通常都要做一些适当的调整与改变。

我在教《范进中举》一文时，最开始设计的教学构思是让学生通过范进中举前后的变化及人们对他态度的对比来认识文章的主题。

而在具体实施时，一个同学提出："范进、孔乙己都是深受科举制度毒害的下层知识分子，他们在本质上是不是相同的呢？"我当时觉得这个问题提得好，他把两篇课文的人物形象联系起来认识，便于揭露封建科举制度的罪恶。

于是，我立即改变了原来的教学构思，引导学生对比孔乙己与范进的异同，从而较好地把握了文章的主题，同时也明确了两篇文章在写作上的不同之处。

学完之后，学生们普遍反映印象深刻。教师的教育智慧就是要善于捕捉学生那些稍纵即逝的智慧火花，从而调动学生学习的积极性。

我曾经在许多场合讲中外两国教师怎样教学生认识“蚯蚓”。我们的老师教学，首先是板书“蚯蚓”，然后出示蚯蚓的图片或投影，让学生认识蚯蚓，再接着是介绍它身体的特征，最后讲讲它对人类的益处，将知识演绎得淋漓尽致。

外国的老师怎样上呢？一上课，老师先在讲台上倒下一大堆的蚯蚓，然后请同学到讲台上抓一条，自己放在纸上研究。请同学们仔细观察它的外形特征，猜想它的生长特征，用25分钟的时间，让学生观察、研究、分析，看看自己发现了什么。然后就同学们的研究发现，互相交流、讨论补充，同学们发言踊跃，思维的火花不断碰撞，课堂气氛非常热烈。在此基础上，教师再将同学们的研究结果加以归纳、总结。整个教学过程有趣生动，学生对蚯蚓的认识非常深刻。

随着新一轮课改的深入，我们课堂中生动的好课也多了。我下面说的就是一堂很漂亮的课。

一堂小学数学课，执教的是一位40多岁的女老师，胖胖的。给学生讲的是“厘米、分米、米”。上课了，她让孩子先测量自己的铅笔、文具盒，看看有多长。接着她又让孩子测量自己的凳子、桌子，看看有多高。然后，她又让学生测量同桌同学的手臂，看看有多长。

这些东西都测量完了，老师说，我们再找找还有什么东西可以量一量？这时一位小男孩举起了手说：“老师，我想量一量您的腰围。”教室里顿时安静了下来，同学们都转过脸看着这个小男孩，然后又看着老师。

这位老师低头看了一下自己的腰，然后笑着说“好哇，你来量吧”。小男孩拿着尺子，飞快地跑到老师跟前，他用手按住尺子的一端，让尺子在老师的肚皮上翻着跟头，翻了好几趟，他说出了一个数字“87 厘米”。“不错，他量得很认真，答案也基本接近。但同学们有没有其他更好的办法？”老师说着。前排的一位小男孩站起来：“老师，您把腰带解下来，我们一量就知道了。”老师根本就没有想到孩子有这样的要求。一阵开怀大笑，老师一边笑，一边真的解下了腰带递给了小男孩。小男孩认真地量了两遍，大声地报出答案“90 厘米”。

这时，一位女同学说：“老师，我还有别的方法，可以用手。”“你用手怎么量？”老师说。“我一掌是 12 厘米，我量一量是几掌就知道了。”老师笑了，小女孩的手在老师的腰上比画着，一会儿报出了“89 厘米”。

多么漂亮的一课！

很多数理化老师都是这么上课的：先讲定义、定理、公式，之后带着学生解例题，解完例题以后再去做作业。公式、定理是什么？就是一般规律。具体题目是什么？是个别现象。由一般到个别，就是演绎法。演绎法可不可以？当然是可以的。演绎法有没有问题？当然是有问题的。如果你永远使用演绎法进行教学，就会带来一个新的问题——高分低能。学生只有掌握了一个公式，才能去解决一个与此相关的具体问题，换句话说，面对一个新的问题，学生永远无法解决。

有一位数学教育家，他说在数学公式、数学定理和生活现象之间有一条鸿沟，数学教育的任务就是把这条鸿沟填平。把生活现象和公式、定理之间的鸿沟填平，就是数学教育应该做的事情。如果我们始终采用演绎法的话，这条鸿沟不但不会被填平，反而会不断扩大。

有一位数学老师喜欢采取归纳法进行教学，他从生活中的一个现象出发，然后让学生归纳出一般的定义，比如什么是解方程，什么是方程解，然后再对照书本的定义，从个别上升到一般，最后给学生许多练习题，让孩子们自己去判别，由一般再回到个别。

我觉得这样一种思维方式，我们的课堂教学应该提倡。要让孩子面对生活，面对现象，而不是直接面对公式。

卢梭认为，儿童最好是在生活中、在游戏中学习，学习不脱离生活，不脱离游戏，这样的学习有趣、易懂，对生活有用。杜威的活动教学理论也非常重视儿童的游戏活动，强调儿童“从做中学”“从经验中学”。我们在“课堂教学生活化”的研究中，在“以行促发展”的教育思想指导下，把使人产生游戏体验的学习看作是最佳状态的学习，把游戏作为一种重要的教学方式体现在教学过程中。

这就是教育艺术！

教师要关注课堂的开放度。比如，数学老师问一句“还可以怎么计算”，就可以为学生打开一扇小小的窗户。过去我们不太关注课程资源的开发；今天我们的课程改革强调要关注课程资源的开发。过去我们说“教科书是学生的世界”，学生看来看去就看教科书；今天我们讲，“世界是学生的教科书”，一切可以利用的资源都可以拿来为我所用。

有一个理论叫作变异理论，什么意思？你要想正确认识事物的关键属性，还需要理解该关键属性的变异形式，以加深对该属性的理解。也就是说，还要了解它不一样的地方、变化的地方、相反的东西，要关注旁例或反例，然后再加以对比，从而达到对于关键属性的辨析。

我们有一些老教师在这方面做得很好，有一些年轻教师在这方面做得不好。有的老师讲了一道例题，给学生们提供一个配套的跟这个题目完全相似的题目，孩子们也会做了，这样就认为孩子懂了。真懂了吗？稍微变一变，孩子就不懂了；稍微变一变，孩子就不会了。换句话说，不让学生了解旁例，不让学生了解反例，是不行的，只有了解旁例或反例，他们才能真正明白。没有真正教会学生，这堂课就是没有效率的课。

变异理论证明，学习迁移的必要条件是同时具备共同性和差异性，既要有相同的，还要有相反的、有差异的。所以从这个意义上来讲，为什么我们很多有经验的老教师课上得好，为什么学生学习效率高，原因就在这里。他们给的不是一个方面的东西，而是多方面的、立体的、全面的。

教育心语

一堂真正的好课，一定是思维碰撞的课，一定是精神成长的课。一堂课如果缺失思维的教学，一定会走向浅表化、碎片化。教师在课堂上要注重引发学生的思维兴趣，关注学生的思维碰撞，为学生的学习建构一个能够训练思维、建立思维的学习场。在这个过程中，教师要想办法让学生动起来，而不是机械地学和记。

Chapter 6

教学成长：好老师会影响孩子的一生

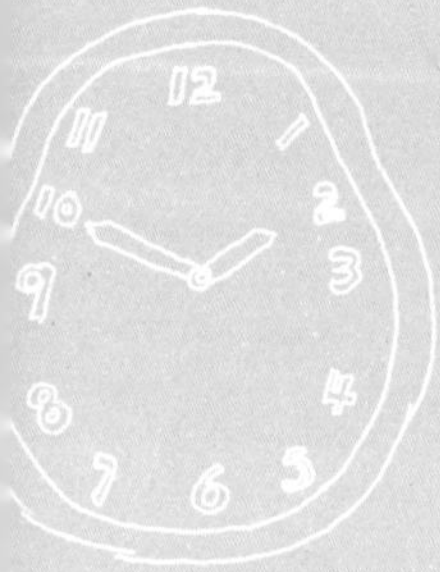

没人喜欢一个“雕像”老师

新课程改革要求教师走下讲台，到学生中去，这不仅是观念上的更新，更是教师角色的一种转换。教师只有走下讲台、走进学生中，了解学生的社会、家庭背景、个性差异、兴趣爱好、心理变化、发展特点，才有与学生相处的基础，才能构建新型的师生关系，以促进教学。

改革要求教师走下讲台，到学生中去，不仅是教师的身体要下来，心灵也要跟着下来。只有教师走到学生中去，与学生一起交流，与学生一起活动，与学生一起学习，才能让学生感受到教师的平易近人，学生就可以把教师当作自己的朋友，才会有什么话、什么问题讲给教师听。只有拉近了师生之间的距离，学生才能在轻松愉快的氛围中更好地学习。

教师只有走下讲台，到学生中去，以一颗童心和学生相处，才能了解他们的内心世界。

我在匈牙利的冬天，连续两个月，不是雨就是雪，天冷得出奇，因此在家常唠叨，“去年可不是这样的”。过了几天，躲起来的太阳终于又出现在明朗的天空上。我们又见到了蓝天！我的心空也晴朗了，难怪在文人的作品中有“天雨，心就雨”的感叹，我有切身的体会了。来到学校，“白草如茵”的操场上（操场上的雪还没有化）一下子又热闹了起来，一个个“小精灵”走出了教室，游戏着，欢笑着，一切充满了生机。于是，我也带着我的学生们融进了这世界。

“今天做什么游戏呢？”每一次游戏，我都喜欢让学生们选择自己的游戏方式，而每次在尊重了他们的意见后，他们玩的花样更多，热情更高。

“打雪仗。”孩子们异口同声地说。这可是第一回意见统一，以往每次总是各抒己见，最后由我“拍板”一锤定音。我刚想表扬他们，一个尖尖的声音叫了起来：“老师和我们一起做游戏，好吗？”原来是班上那个小调皮蛋。

“对！我们都要求老师和我们一块游戏！”还没有等我回过神来，热烈的掌声便把我推上了战场的最前沿。原来，这都是他们串通好的。说实在话，当了几十年的教师，和学生一起游戏，没有几回。每次学生游戏，我都充当着一个“巡警”的角色：哪个学生违规了，哪个学生捣蛋了，都是我训斥的对象。

孩子们很机警，我的“子弹”老是打不着他们，偶尔一颗雪弹打进了我的脖子，接着便是一阵爽朗的笑声。望着他们如花的笑脸，我似乎一下子回到了学生时代。

游戏进行到最后，我也早已大汗淋漓，头上还有不少雪花，孩子们一下子兴奋了，围着我直喊：“老师向我们认输了……”欢乐的笑声一直回荡在校园上空。

那时，我环视那白皑皑的“雪被”，那一张张红扑扑的脸蛋，心里阳光灿烂。第一次体会到我和学生竟然靠得这样近，我用我的童心换来了教育的快乐。回到教室，我写下了作文题《我和老师打雪仗》。看到孩子们忘情的写作，我真正体验到了肖复兴先生的那句话："童心不是装出来的；天真不是模仿出来的。应该是不受客观条件影响自然地流露，是对孩子设身处地地想象、理解和爱。"

"人是一株有思想的芦苇。"西方著名哲学家帕斯卡尔这样说。思想乃是人类与其他生物的本质区别，正是思想的进步促进了社会的发展。虽然今天我们处在一个全新的时期，但我们同样应当鼓励学生新思想、新观念的萌发，引导学生激浊扬清，革故鼎新，探询真理。作为教师，先得拥有自己的思想，而不是一切墨守成规，成为领导指示、校纪校规、标准答案的传声筒，甚至当上契诃夫笔下畏缩又猥琐的"套中人"，成为一切新思想、新观念的禁锢者。

旧课堂师生角色定位是：教师为主导，学生为主体。但由于教师"主"得过多，"导"得过火，成了课堂上的主讲、主演、主角。学生主体被压抑着，不能充分凸显，成了听众、看客、配角和群众演员，教师是教学的主宰和课堂霸主，学生是被动接受者和"客人"，甚至"奴隶"。

关注学生生命发展的课堂首要前提是凸显学生主体，让学生成为课堂的主人。为此，教师在角色地位转换的过程中，不仅要摒弃自赫尔巴特"教师中心论"影响至今的流弊，而且还要革除教师有意无意与学生争抢"主演"（甚至课堂"霸主"）的习性，教师应从"前台""退隐"到导演（导引）、策划、组织的角色。另外，要充分确立学生的主角地位，要教育、培养并放手使学生成为自己的主人，为自己主动而自主地学习，在语文学习活动中主动参与、主动实践、主动思考、主动探索、主动创造，充分表现出主人翁和“主演”的角色。

关于新课堂中的教师角色，我认为：

第一，教师是学生学习活动的组织者。教师不再是自始至终絮絮叨叨讲课、传授知识的人，而是负责把学生组织好，由他们自主、合作学习。

第二，教师是学生学习和成长的引导者。“道而弗牵，强而弗抑”，教师甚至不一定是“主导”，是指引学生以方向，由他自己去“走”（哲学上说“践行”）的人。

第三，教师是学生的激励者。教师要崇尚肯定性评价，不断给学生以激赏，如第斯多惠所说，教育艺术在于激励、唤醒和鼓舞。

第四，教师是学生学习活动的参与者。这就要求教师走下“讲台”，走进孩子们中间，成为他们的益友、伙伴、知己，“平等中的首席”，是与学生共同成长的学习者。

教师只有把自己从高高的位置上放下来，从严肃的办公室内走出来，把自己看作学生中的一员，才真正将快乐交给了学生。教育过程是师生平等对话的过程，教育应让教育过程中的全体参与者享受快乐。

多年来，教师已经习惯了定位自己的角色。假如我们的教师走下了心理上的讲台，那么教师就成为一种课程资源，学校就成为一所没有“围墙”的学习乐园。师生在这种平等中同生共长，将是多么美妙的一种教育啊！

教育心语

教育家杜威有句名言："教师不应该站在学生面前上课，而应站在学生后面。"

走下讲台，并不是单纯的空间概念；走下讲台，更多的是要求教师懂得适当抛弃教师刻板的知识传授者的身份，在课堂中以"学识丰富的朋友"身份与学生相处。这样的做法，能有效促进课堂教学的氛围朝着民主、宽松、自由的方向转变，学生的学习也就以"喜闻乐见"的形式发生了。

讲孩子更容易听进去的内容

亚里士多德说过："思维是从惊讶和问题开始的。"疑是思之源，思是智之本。一个人只有有了"疑"而又能独立思考，敢于坚持自己的意见，才有了"敢于争论"的思想基础。

一位教师给初中一年级的学生讲一道数学题。这道题是这样的：郊外宝塔有七层，高层红灯倍加增，总数三百八十一，请问每层多少灯？

这道题目不是很难，因为学生们已经学了代数。但是学生琢磨了半天，都没有看懂。问题出在哪里呢？原来是学生们的语文底子太薄了，所以看不懂。于是，这位教师就耐心给学生们解释这首诗的意思。学生们一听，立马跳起来说，我知道了，这不是等比数列问题吗？很快用公式把题目算出来了。

看来孩子语文学得不好，对数学也有影响。这位教师利用诗来出题的教学方式，一下就调动了学生的学习兴趣！

老师怎样才能把课上得风趣些？我认为要着重注意以下几点。

第一，预设问题情景是促使学生开展有效学习的有力手段。这样做有两个好处：一是能通过特定的情境激活学生的问题意识，形成基于问题解决的学习任务，从而展开提出问题、分析问题和解决问题的学习活动；二是能通过特定的问题情景使问题与学生原有认知结构中的经验发生联系，激活现有的经验去“同化”或“顺应”新知识，赋予新知识以个体意义，从而实现认知结构的改组或重建。

在传统的课堂教学中，教师是真理和知识的化身，是无所不能的圣人；教师的使命就是给学生空荡荡的大脑中装满知识。于是，“一日为师，终身为父”便顺理成章了；于是，“填鸭式”“满堂灌”便自然而然了；于是，教师以自己的思考取代学生的思想，便理所当然！

因此，新世纪的课堂教育我们要重新审视师生关系，并确立民主的师生关系。苏霍姆林斯基在谈到师生关系时认为，师生应该是共同探求真理的志同道合者，这就决定在教学过程中师生必须进行平等的交流。为此他特别强调：“学校的学习不是毫无热情地把知识从一个头脑装进另一个头脑里，而是师生之间每时每刻都在进行着心灵的接触。”另外，过去人们常常说：“要给学生一碗水，教师首先要有一桶水。”这话强调了教师自身素质的不断提高对于教育的重要性。从这个意义上看，这句话是有道理的。但在今天看来，这句话是有局限性的。

一方面，在信息时代，教师在任何一方面的知识都超过学生是不可能的，有时学生在某方面所获取的知识也许远远超过了教师；另一方面，学生的大脑不是空荡荡的容器，而是一口蕴藏着丰富水源的深井，教师的使命正是引导学生挖掘这口井，让每一个学生都成为一口知识的泉水喷涌而出的“井”。只有确立这样的学生观和这样的教学观，我们的课堂教学才能够做到真正“以学生为主体”。

充满民主精神的课堂教学，应该把教师“教”的过程变成学生

"学"的过程。过去，一些教师在备课时，往往更多的是考虑自己怎么上这堂课，而很少把自己当成学生：如果我是学生，我会遇到什么问题？同样，教师在上课时也主要沿着自己的教学愿望将学生巧妙地引入自己的教学设计，从而忽视了学生自己钻研、领悟和感受的过程。这就是所谓以"教"代"学"，或者说这是按照事先的"脚本"来"演戏"的"教学表演"。在这样的教学中，教师考虑比较多的是如何"教"。但是，即使教师的教学思路非常清晰，课堂表达非常清楚，也不过是用教师的思维代替了学生的思维。

现在，我们应更多地思考学生如何学，即以学生的求学需求为主线，追求教师和学生面对知识共同探讨、平等对话。在这样的教学过程中，教师力求贯穿两条线索：学生的"学"（感受、质疑、钻研、讨论、联想等）和教师的"教"（求疑、交流、争鸣、释疑、归纳等）。这两条线索通过教师对学生的思维训练、情感和人格熏陶交织在一起。这里的关键还是教师角色的重新定位，用《教育——财富蕴藏其中》的话来说，就是教师要"从独奏者"的角色过渡到"伴奏者"的角色。

第二，要接通时代的源头活水。请看我十多年前上的一堂选修课——春天里看一场"世纪婚礼"。

五一放假前，我给学生们布置了一项特殊的作业——看电视。

真的？学生们有些将信将疑？有这么轻松的作业？

我说是的，请同学们看一场世纪级超豪华婚宴——英国威廉王子的婚礼。不过，大家看了之后，我们五一后的第一节课，就是《我看威廉王子的婚礼》的讨论，请大家做好准备。

下面是我们课堂的部分内容：

教师：2011 年 4 月 29 日，伦敦的威斯敏斯特教堂里，在坎特伯雷大主教罗恩·威廉斯主持下，英国的王子威廉与他的新婚妻子凯特深情对望，最后说出了海誓山盟，并交换了特制的黄金婚戒，两人由此正式成为夫妻。这情景，不禁让人想起在 1981 年 7 月 29 日，王子的母亲戴安娜是如何在万众的注目下，嫁给查尔斯王子的。恰好，两场婚礼都是在 29 日举行的。是英国的皇室喜欢 29 日这个日期吗？还是仅仅是巧合？哪一位知道戴安娜当年成婚的情景？

学生：1981 年的 7 月 29 日，戴安娜仅仅 19 岁，她腼腆害羞，甚至连大学还没有来得及读，就因为命运之神的眷顾，或者说是错判，从一个只有 19 岁的小姑娘一夜之间成了英格兰皇室的王妃。

学生：必须承认，命运是捉弄和安排人们的判官，幸福、痛苦、快乐、平安、不幸、伤心、悲惨、坎坷、灾难、病痛等，谁都逃不脱。当年，让无数世上女孩子艳羡进入皇室的女孩戴安娜也是如此。她没有料到，她期待的那个的王子，始终都是躺在另一个女人的温柔乡里。这真是对她的屈辱和嘲讽。于是，人们看到厌食的王妃、出轨的王妃、大胆的王妃、轻浮的王妃、奢侈的王妃。戴安娜是大英皇室的牺牲品。

教师：时过境迁，今天的凯特会步戴安娜的后尘吗？

学生：不会的。因为凯特跟王子是同学，他们接受的教育是相同的，成长岁月是相同的，就算不是贵族之后，凯特也得到了最好的母爱和父爱。比起王子来自一个破裂的贵为王室的家庭，凯特的童年是快乐的、幸福的，因此，凯特敢于拒绝王子，甚至分手。戴安娜却不敢，她嫁人的时候只有 19 岁，而且家庭破碎，从小就在寂寞和盼望中长大，她是个真正的待嫁等候的灰姑娘。

学生：戴安娜成为王妃的时候，是别人选择了她，而她没有选择权，也没有拒绝权，因为她来自贵族的父亲肯定是不会让她拒绝的，她自己也渴望童话般的爱情和未来。凯特不同，且不说有了婆婆的前车之鉴，就仅仅是凭借她大学四年接受的教育、来自平民社会的生活经验和处世为人的技能，都让她拥有周旋于王室缜密复杂的关系之中的能力。何况，凯特嫁的不是查尔斯，威廉是拜倒在她石榴裙下的王子。

学生：威廉不是父亲查尔斯。威廉喜欢 POP、迪斯科、上网冲浪、扮成怪兽过狂欢节、参加同学的生日酒会，是一个在现代生活中长大的新青年。他可以正常选择爱情，而不是被安排结婚。

学生：问题的核心是，威廉没有卡米拉。凯特成为王妃的时候，已经 29 岁了，这是一个足够的成熟和足够有经验的年龄。凯特用了 10 年来学习做王妃，学习对待难缠的媒体，而戴安娜确实一夜之间踏入了豪门。所以我想不会的。

……

教师：同学们，这场世纪婚礼，留给我们很多思考，今天我们不可能全部展开讨论，希望同学们从这场世纪婚礼中增长更多的知识。这节课我们就上到这里，最后请大家欣赏几张照片，留下美好的回忆。

其实，课堂本应是师生间进行交往、对话、沟通和探究学问的互动舞台，师与生都是课堂教学的参与者，共同完成课堂教学的目标和任务。为了达到这个共同的课堂教学目标和任务，师生间需要进行交往、对话和沟通。只有这样，教师才能知道学生的实际情况，才能因材施教，才能保证教学的效果并最终达到课堂教学的目标和任务。也只有这样，学生才能切实体会到教师的关怀和教育的温暖，才会以学习主体的姿态积极主动投入课堂教学中，才会积极配合教师教学活动的顺利展开。

这样，课堂就必然是充满生机、生命活力的，以及深受学生欢迎的本来意义上的课堂。

教育心语

一位受学生喜欢的老师，同时也是一个有非凡组织力的人。如果把一堂课比作一台戏，那么老师就是那戏中的导演。戏好不好看，全在导演。高明的导演，对自己的戏胸有成竹，布景、灯光、音响、演员、台词经过他的设计，就会生动有趣。

一位好老师要经营好一堂课，他就得高屋建瓴、统观全局、有的放矢、因材施教，变“苦学”为“乐学”。

会讲故事让课堂更有趣味性

维果茨基指出，教育的影响是通过学生心理特点的“中介”或“折射”而发生作用的。“中介”就是学生学习时的内心体验。这种内心的体验就好像是一个三棱镜，教育的影响只有通过它的折射才能对学生的心理发生作用。因此，在课堂教学当中，让学生充满趣味地投入学习状态很重要！

一位教师在教《卖火柴的小女孩儿》一课时，是这样导课的：

> 同学们，大年夜对我们每一个人来说是多么的美好啊！亲人团聚，品尝佳肴，多么的幸福。可是，在另一个社会里，有这么一个小女孩儿，却在又黑又冷的大年夜里，光着赤脚，手拿一把火柴，哆哆嗦嗦地走在大街上叫卖，你们想了解她吗……我们一同走进她的内心世界吧。

教师富有感情的语言，把学生的思想感情带入了课文所描述的那个悲惨情景中，引起了学生内心世界的强烈共鸣，促进了整个课堂交流的艺术效果。

把课讲得生动形象、深入浅出，始终是衡量教师教学艺术水平的标准。而采取深刻又幽默的故事导入，教师用自己的教学语言，铺陈渲染，绘声绘色，这是为学生所喜闻乐见的教学形式。

如著名的特级教师钱梦龙老师在讲知识短文《词义》时，为了使抽象的词义知识能迅速为学生所接受，一开始就给学生讲了一个阿凡提理发的小故事。

阿凡提为了整治一个只理发而不付钱的阿訇，先是给他剃了一个光头，然后在刮脸的时候，阿凡提问他眉毛要不要，阿訇说当然要。阿凡提就趁势把眉毛剃了下来给他。那人很气，问阿凡提："你怎么把我眉毛剃了？"阿凡提说："我问你了，你说要。"阿訇听了也不好怪阿凡提，因为他确实说过了要的。

阿凡提接着又问，你的胡子还要不要呢？那人忙说，不要了，不要了。阿凡提又划了两刀把他的漂亮大胡子给剃掉了。结果阿訇说："你怎么又把我美丽的胡子剃了？"阿凡提说："我刚才问你了，你说不要了。"这时，阿訇的头像个剥了壳的鸡蛋一样光溜。

听了这个故事，同学们都哈哈大笑起来。钱老师课上引导地问学生，阿凡提究竟玩了什么样的花样，让那个阿訇上当呢？学生立即领会到阿凡提是运用了"要"这个词的多义性来戏弄阿訇的，于是课堂教学自然而然地引到了对词义的理解上。

课堂教学当中还可以故意制造一些悬念，让学生通过这些悬念去想象，去打开他的思维。有一位老师上生物课讲昆虫的趋势性聚集时，讲了一个故事来引导学生。

在楚汉相争中，项羽被刘邦击败，趁夜逃跑。当天亮到达乌江岸边时，突然发现江边有几个黑色的大字"项羽必败"。项羽走近细看，黑字全是蚂蚁拼成的，这使军中一片混乱。他们认为这是天公要灭项羽，项羽无可奈何拔剑自刎了。

这时，同学们个个聚精会神，纷纷猜想其中的道理，最后在教师帮助下解开了这个谜。原来是刘邦的军师张良利用昆虫的特性，黑夜派人用食油、米糖沾着米汤，在江边写下了那几个字，招来了无数蚂蚁，造成了项羽内心的恐慌。

教者也用这个故事开始了他的生物课教学。

这些示例启发我们，课堂教学的效果如何主要取决于教师所讲故事与教学内容相关的程度，以及教师本人讲故事的能力与水平。

课堂教学中的智慧还表现在化难为易。我们的课堂教学要解决许多问题，怎样把大问题变成小问题，化难为易，让学生以小见大。这有一个很科学的方法。

一位教师教鲁迅《祝福》一文时，首先总的提出一个大的问题：鲁迅先生是怎样描写祥林嫂的呢？

在这个总的大问题之下，又提出了这样几个小的问题：鲁迅是怎样写祥林嫂的衣服的？每个时期的衣服有着哪些变化？他是怎样描写祥林嫂的眼睛的？每个时期的眼睛又有什么变化？他是怎样写祥林嫂脸色的？祥林嫂脸色和表情不同时期有什么变化？这些变化说明了什么？

通过这组小的问题，逐步引导学生理解课文内容，脑海里首先呈现出关于祥林嫂的形象，并由此进一步探索祥林嫂的内心世界，进而把握了鲁迅笔下这个受尽了封建礼教迫害的中国妇女典型的社会性意义。

这种化大为小、化难为易的教学设计，从具体到抽象，从个别到一般。不仅让学生体会到课文的内容，还体会到课文内容之间的有机联系，既锻炼了学生的综合分析思维能力，也达到了条理清晰、纲举目张的教学效果。

课堂教学当中的问题设计，要符合“台阶原理”。也就是说，前一个问题是后一个问题的基础，而后一个问题是前一个问题的深化。就像我们爬楼梯、登山一样，拾级而上。

一位教师在教学《装在套子里的人》时，鉴于小说当中主题的理解难度较大，学生一下子不大好回答，也难以理解，他精心设计了几个小问题，在教学当中，由易到难，由低到高逐渐提出，逐步呈现。

第一，别里科夫的特点是套子，他干什么事都有套子，他到底有哪些套子呢？

第二，别里科夫只不过是一个穿着雨鞋、带着雨伞的希腊文教员而已，为什么会有那么大的影响力呢？

第三，别里科夫的婚事失败的根本原因是什么呢？他在科瓦连科兄妹的一推一笑当中结束了自己的生命，这说明了什么？

第四，从上述的这些问题当中可以看出别里科夫是一个什么样的人呢？

第五，专制制度的维护者别里科夫死了，为什么局面并没有因此而变得好一点呢？

第六，作者塑造别里科夫形象在当时有什么样的社会意义和价值呢？

以上的这些问题的层次是非常分明的，解答的过程就像爬台阶，每解决一个问题就爬上了一个台阶。问题解决了，思维便爬到了顶点，预定的教学任务就可以圆满完成了。

培养思维的最佳场所是课堂。课堂教学是培养人才的主渠道，是落实课程的一个最主要的常数。此外，课程改革是当前教育改革的中心，深化课堂教学改革，上好每一节课，教好每一个学生，首先要把课堂教学搞好。

教育心语

苏霍姆林斯基说过："学校里的学习不是毫无热情地把知识从一个头脑里装进另一个脑子里，而是师生之间每时每刻都在进行的心灵的接触。"

教师要培养自己的"故事素养"，做一个会讲故事的老师。用故事来增加学生的见识，来拉近与学生的距离，来激发学生的激情与自信，来激励情感，来解决问题……故事储备与讲故事的能力，应该成为每个教室的基本功与制胜秘籍。

教室就是出错的地方

新课程改革给课堂教学带来了“以人为本”的教育理念，教师也走下了讲台，走进了学生中间，学生有了充分发表自己见解的时间和空间。教师常常鼓励学生在课堂上积极发表意见，有意识地要求自己培养课堂的民主气氛。但事实上，教师又总在不经意间打击学生的积极性。比如，提出一个问题后，还没等学生思考完，就把答案说出来了；一旦学生表达了不同的意见，就习惯性地挑错。不知不觉中，“百家争鸣”又变成了教师的“一言堂”。

因此，在日常课堂教学中，在热闹的、频繁的师生互动中，尤其是在处理预设性问题与生成性问题的关系中，由于种种原因而导致的教师隐性霸权依然存在。这不仅会伤害学生学习的积极性，而且还会给师生关系带来消极影响。很多学生会认为老师说一套做一套，嘴上鼓励大家说出自己的观点，行动上却不支持，扼杀大家的创新，这会在很大程度上降低教师的威信。

我们在课堂上要警惕隐性霸权，杜绝教师“一言堂”现象的发生，不断强化教师的角色意识。课堂教学要形成师生互动、生生互动、共同探讨的氛围，课堂是让学生出错的地方。

一位教师上课的一个片段，我一直记忆犹新。她讲《春蚕》这一课，当时有许多老师在教室听课。课中，教师要求学生说出“慈祥”的含义，一名学生回答说：“慈祥就是满是皱纹的脸。”

听课的老师都笑了起来，这时也有其他同学举手要求回答。显然，这名同学的回答不正确，通常的做法是让这名同学坐下，再点其他同学回答，但她没有这样。她想，这名学生认为只有满脸皱纹的老人才是慈祥的，他是用具体形象思维来理解这一词语的，有合理的成分，只是不能抽象出概念的本质特征。

于是，教师继续请这名学生回答问题：“慈祥可以从哪里表现出来？”“脸上。”“对，你刚才的想法有正确的地方。但能不能说慈祥就是脸呢？”“不能。”“是不是所有的脸都能表现慈祥呢？”“只有老人的脸能表现慈祥。”“你的说法非常正确，那是不是所有老人的脸都能表现慈祥呢？例如老巫婆也能表现出慈祥吗？”“和蔼善良的老人才是慈祥的。”……

这样步步引导，最后使学生得出“慈祥”是指老人表现出“和蔼安详的神态”的词义。通过这一教学过程，学生对“慈祥”一词的理解应该是比较深刻了。

刻意追求学生答问、作业等多方面的正确，一个学生答错了，不作分析引导就接着要第二、第三个同学回答，直到正确为止，这样的作用并不大。我认为，在教学过程中，教师不要怕学生出错，要明白，课堂就是学生出错的地方。如果教学过程是学生对答如流，处处正确，那要么是教学目标太低，要么是排练后的表演。不能真正达到教育目的，我们不要怕学生出错，要鼓励学生大胆思考和表达，要注重学生思维过程的启迪，使教学水到渠成。

有一位中国小姑娘，随父母在日本上学，因课堂发言积极，多次受到老师的表扬。

有一天，妈妈问："你日语基础那么差，不怕说错吗？"小女孩回答说："不怕，老师说了，教室就是出错的地方。"

"教室就是出错的地方。"这句话说得太好了！细想起来，确实就是这样。出错是正常的，不出错才是不正常的。如果学生的所作所为都正确，没有出错，教师乃至学校就没有存在的价值了。

学生有出错的"权利"，因为他们不成熟。因此，他们在学习和成长中的各种困难和差错，需要我们帮助其改正和克服。学生是发展中的人，他们有自己特殊的需要和独立的发展方式。学生在学习生活中表现出来的各种不良行为，多是因为"需要"没有被重视或没被满足而造成的。这只不过是一般的心理问题，却往往被我们当作思想品德问题来解决。

教师要善待学生的错误，因为错误是重要的教育资源。任何正确的答案和方式，都是通过曲折探索得到的。而往往在出错和改错的曲折探索过程中，课堂才是最活的，教学才是最美的，学生的生命才是最有价值的。从这个意义上说，错误对于学生，不是需要尽量避免的问题，而是不可缺乏的元素。

在学习过程中，有的学生怕出错，怕暴露，怕被嘲笑……为了避免各种错误，他们很少和教师互动，甚至干脆不张口。学生不说，教师就很难掌握他们的学习进度和知识程度，就不知道他会在哪个环节出错。往往是第一个台阶还没上来，就要往第二个台阶爬，他自然就跟不上，跟不上，他就不跟了，就放弃了，上课就希望下课铃声早点响起。这时候，你得想办法让他说，告诉他说错了不要紧，笑容满面地像对待正确一样对待他的出错，把他带上第一个台阶，再继续往上带。

一个画家，在完成了一幅美丽的图画后，不小心将一滴颜料滴到了画布上。这时，他拿起笔，唰唰几下，一只漂亮的小鸟诞生了。做家长的，做教师的，就要像这位画家一样，学会把有缺点的孩子变成好孩子。

教师应有正确判断、分析学生“出错”的能力，能从“错”中找出合理因素，能从“错”中找到走向正确的途径。特别不能只是根据“标准答案”而把学生新的正确的东西判为错误。例如，一位老师教学生看图学儿歌《风》：“红旗飘，树枝摇，草低头，花弯腰。”有一名学生说：“我不用看，就知道风来了。”教师认为他离开了教材图画，判定回答错误。其实，这名学生觉得风来了能感受到，不用看其他东西。这对教材来说是一种创新的答案，我们怎么能随意否定呢？

教育工作者要允许学生出错，但要尽量减少自己出错。

教育心语

出错不是最终目的，但“畏惧错误就是毁灭进步”。许多差错背后往往闪烁着智慧的光芒，许多错误与真理仅一步之遥。敢于出错，本身就是一种创造性行为。一个敢出错的人，肯定是一个具有创造精神的人。从这一点上说，鼓励学生敢于出错，使每一个学生都有“教室就是出错的地方”的意识，就是为了实现最终目的：通过出错，找出正确答案，从而培养探索精神。

从烦琐的课堂模式中解脱

课堂是什么？答案是丰富多彩的！

课堂不应是知识的“交易所”，而应是学生的精神家园。

打开教育学经典著作，我们会读到这样的定义：“课堂是学校进行教育活动的重要场所。”“课堂是教师传道、授业、解惑的场所，使孩子接受教育的场所。”“课堂教学是一种特殊的认识活动。”……新世纪的课堂还能这样诠释吗？这种一切都为着知识而存在：教师为传授知识而存在、学生为接受知识而存在的课堂，这种以知识为中心、以教材为中心、以教案为中心的课堂，还能走多远？这种将课堂变成了货真价实的教师与学生“买卖”知识的“交易所”的传统课堂理念，我们必须彻底打破！新世纪教育的课堂，“应当流淌着生命的活水”（叶澜），“应当是生命相遇、心灵相约的场域”（肖川），应当是学生精神的家园！

缘何如此？我们应当明白，在课堂里学生不仅仅是以认知体而存在着，而是以一个完整的生命体生活于此。课堂是人的世界，是活的世界，是一个丰富多彩的情感世界。在这个世界中，情感不仅是学习活动得以正常运行的重要前提性因素，也使得这种平凡无奇的学习生活变得有理由、有意义、有价值。所以《学会生存——教育世界的今天和明天》中才如此说：“教育的一个特定目的就是要培养感情方面的品质，特别是在人和人的关系中的感情品质。”

让课堂成为学生的精神家园，就是使社会需要与个体需要、理想需要与现实需要相融相生，结合得更为完美。

以知识为中心的课堂，究其实质，乃是社会需要或个体理想需要的一种畸形反映，是以牺牲学生成长的现实需要为代价而换取的。它抛开了学生当下需要，而一味地进行不是基于生活的社会性需要或纯功利性理想需要的教育。这种教育不仅无助于学生的健康成长，也无助于社会的发展，反而会阻碍或有害于个体与社会的发展。

学生，尤其是小学生，正处在人生的成长发展阶段。他们的成长过程，无论是智慧成长，还是精神成长都是生命使然，是内在的、符合当下需要的，而不是外力所能强加的；是全面的、整体性的，而不可能是 1+1 式的简单相加。学生的学习过程，就是学生生命活动的具体表现，在学习中学生用自己的身心经历着、感受着、体验着认知的、情感的、生理的、心理的、交往的、精神的——整个生命活动的全部意义。

因此，为了学生的全面成长，我们必须坚持从完整的人的现实生活、完整的人的现实存在、完整的现实活动出发，去寻找课堂的存在价值和生活意义，而不只是为了维持社会需要或理想需要。相反的，倒是应该把社会需要和理想需要，建立在现实需要的基础上。从这一角度出发，构架生活的课堂，重建学生的精神家园！

我们还要知道，学生心目中理想的课堂是什么？新世纪教育理想的课堂是什么？

第一，理想的课堂是一个舒展轻松的过程。

轻松的课堂，能让学生不再如履薄冰、小心翼翼地去“揣摩”教师的想法；轻松的课堂，学生不再唯师是从，成为没有思想的“克隆人”；轻松的课堂，学生能自由“放牧”独立的思想，一个个活蹦乱跳的想法唾手可得；轻松的课堂，学生能“胸藏万汇凭吞吐，‘话’有千钧任歙张”；轻松的课堂，不再晦涩难懂、繁杂琐碎，它是一种追求简单的课堂！

第二，理想的课堂是一种感受幸福的体验。

幸福的课堂，是教师引领学生去采摘一路美丽的风景和幸福的体验，学生浑身上下都酣畅淋漓、妙不可言；幸福的课堂，洋溢着人文的光辉和理想的阳光，令人心驰神往、优哉游哉；幸福的课堂，不再是复制的作坊，而是创造的乐园，充满温馨、乐趣和美感。

第三，理想的课堂是一方追求诗意的栖居地。

诗意的课堂，应是“蓦然回首，那人却在灯火阑珊处”那苦苦探索后的发现，应有“山重水复疑无路，柳暗花明又一村”的意外收获，应有“载下梧桐树，引来金凤凰”般抛砖引玉式的独特境地，应有“心有灵犀一点通”的和谐共鸣，应有“此时无声胜有声”的心灵释放，应有“精骛八极，心游万仞”的思想流淌。

第四，理想的课堂是一个充满智慧的理想王国。

智慧的课堂，学生能主宰自己，能与老师平等交流，大胆发表自己独特的见解；智慧的课堂，学生能对传统看法和权威定论进行大胆颠覆和解构，有思想的飞翔和生命力的舒张；智慧的课堂，学生有丰满的个性，能“我思故我在”，说自己所想，写自己所思；智慧的课堂，学生与历史对话、与高尚交流、与经典拥抱、与创造撞击；智慧的课堂，学生能碰撞出创新的火花并使“星星之火，可以燎原”。

第五，理想的课堂能让阳光普照每一个学生的心灵。

理想的课堂是最美的，在这里，没有人拾人牙慧，没有人唯唯诺诺，没有人平庸无奇；在这里，孩子固有的灵性得以迸发，原始的诗性得以生长，潜具的悟性得以唤醒；在这里，一粒不起眼的砂石，也能变成无价的珍珠，一颗小小的种子，也会破土而出长成参天大树！

教育心语

简约教学，指围绕准确定位的教学目标，教师对影响教学各种要素的精准把握和精简妙用，即运用筛选提炼、优化整合等策略，对情景、内容、活动、结构、媒体、导学等诸方面的精当取舍、精致处理与精巧设计。

用“四两拨千斤”的方式，使教学变得更为清晰、流畅，让课堂充满张力，实现多种关系的平衡，以求创造出优质教学和高效课堂。

让孩子活力四射的课堂文化

课堂文化是教师在比较长的教学实践中，形成的一份气息、一种课堂气质。

课堂文化体现着教师教学的思想内核，它包括教师进行教学活动的根本理念、价值诉求、展开教学活动的基本方式、教学的思维倾向，以及维系师生交往活动的人际氛围和精神状况，还包括教师对学生、对知识、对教学、对目标等问题的独到理解，决定着课堂教学的根本理念、思想意识，乃至教学的目标深度。

名师之所以成“名”，是因为有其个人独特的教学风格，有其独特的课堂文化。

如何才能逐步形成自己的课堂文化呢？“态度决定一切。”“心有多大，舞台就有多大。”“我们希望学生变成什么样，就要把我们的话重复十遍、百遍、千遍；当学生在不知不觉中就能照做的时候，这句话就成了文化，一种让学生一生享用的课堂文化。”

这样看来，要想树立正确的理念，靠踏实的进取是能有所收获的。教学特色的形成，非一日之功，需要修炼，需要积累，需要沉淀。

我曾到访欧洲，听了一堂七年级的英语课。

这是一堂阅读课，上课开始，老师先带领学生“热身”（Warmer），让大家先回忆前几天他们刚读过的一个有关中国抗战时发生在湖南衡阳的故事。然后，导入本课的主内容，学习一篇小说节选——《小富莱》（选自《斯蒂芬·富莱自传》）。

老师先给学生提出了几个问题，让大家带着问题阅读。然后通过检查学习（Checking Learning）的方式，让学生了解作者在写作中使用了明喻、暗喻等写作技巧，并让同学找出案例。学生们积极思考、踊跃发言，课堂气氛自然而随和，一点也不紧张。

整个教学过程从启发学生带着问题阅读，到思考问题、寻找答案，再到讨论发言、教师归纳总结等完全集中在学生的“学”，而不是教师长篇大论的“讲解文章”上。在这样的课堂上，学生受到充分的关注，课堂不是教师“演示”自己的场所，而是学生主动探索的乐园。

在欧洲的课堂上我经常发现，班上有 2~3 名老师在，除了任课教师外，还有班主任和其他教师。学生们以小组为单位而坐，教师们分散到学生小组中参与学生的活动，随时为学生提供学习指导和顾问。课堂大部分时间都是学生在活动，而不是教师“一言堂”。在欧洲的课堂上，偶尔还会发现这样的场景，令我大吃一惊——教师为了使自己的视角能和学生保持在同一水平面，方便直接面对面交流，竟跪在地上和学生交谈。而师生们无拘无束，全然没有注意到我们这些旁观者的惊诧表情。

异域的课堂给我们更多启示：学生是学习的主人，学生受到充分的尊重，课堂是学生主动探索的乐园；教师与学生结为“学习共同体”，参与到学生学习活动之中，成为学生的伙伴，学习上的指导者和顾问……

全国第四届青年教师阅读数学观摩活动中，代表香港地区首次参加大陆语文教学观摩活动的香港教师黄锦在执教《漫谈沟通》一课即将结束时，让全体同学起立，面向台下的老师，然后深情地对台下的5000多位听课教师说："今天，非常感谢南宁逸夫小学的小朋友，请听课的老师们用热烈的掌声来鼓励这些同学！"（台下，教师们报以热烈的掌声。）然后，黄老师回过身对同学们说："我送你们走。"

目睹此情此景，我不由得想起我们以往的教学活动。我们常习惯于让全体同学起立，向台下教师鞠躬并齐声对老师们说："老师辛苦了，谢谢老师！"

为何有这样的差别，其实说到底还是教育观的问题。师生关系是学校教育中最基本的人际关系。"传道、授业、解惑"，三千年前的孔孟儒家文化，在教育这块沃土上留下"师道尊严"的鲜明烙印。在这种观念下，教师习惯于高居讲坛、侃侃而谈，学生习惯于正襟危坐、洗耳恭听……师生之间的等级观念也自然成了天经地义、理所当然的。

可多少年来，我们太习惯这样的课堂教学了：教师走上讲台，掏出讲义，开始平静地讲述，滔滔不绝，学生只能静静地听着，恹恹欲睡，"讲风吹得学生醉"。教师偶尔也请几个学生回答问题，但总的说来，老师是"领衔主演"，个别学生是"友情客串"。由此带来的教学特征如教育家叶澜所说：完成认识性任务，成为课堂教学的中心或唯一任务；钻研教材和设计教学过程，是教师备课的中心任务；上课是执行教案的过程，教师的教和学生的学在课堂上最理想的进程是完成教案，而不是“节外生枝”。

然而，随着新一轮基础教育课程改革的全面展开，我们越来越清醒地认识到：教师和学生都是教学过程的主体，都是具有独立人格价值的人，两者在人格上完全平等，师生关系是一种充满民主、平等、相互理解的人与人之间的关系。在这种关系中，教师走下了神坛，成了学生学习的辅导者、激励者、促进者，师生之间真正形成了良师益友的关系。

在谈及教育观念转变这个问题时，朱小蔓教授认为：就小学阶段而言，最欠缺的是对孩子情绪、情感及个性发展的关注，却把知识性，甚至强制性的知识学习看得过重。必须承认，以往的教育漠视了人的体验，忽略了生命的需要，太看重生命以外的东西，而没有把“人”放在重要的位置上。从某种程度上说，以往的教育淡漠了对生命激情的需要，淡漠了对人的心灵和智慧的开发，淡漠了对人的情感和人格的陶冶。

记得课后，当记者询问黄老师平时是不是也这样做时，黄老师回答：“是的，不仅是我，包括我们的校长每天都送小朋友上车，和小朋友说再见。我们让学生在老师的鼓励下，获得自信，感觉自己存在的意义。老师和学生之间始终保持一种友谊，做到相互理解和尊重。”

教育心语

每一位教师都在课堂上营造着一种课堂文化氛围，构建着一种课堂生态，学生都在进行着某种“文化适应”和自然生长。课堂上面对的问题实质上就是生态的问题，可以说，构建和谐的智慧课堂是现代学校文化的最高境界。

老师们要在有效的指引下为自己把脉，根据自身的特点，借鉴学校名师、骨干的教学风格，规划个人发展类型。

不妨开一次“无轨电车”

教学过程不应是一个不变的程式，更不应成为僵死的模式，而应是一个随机应变的模块；知识与能力、过程与方法、情感态度与价值观三者实现浑然一体的过程，应是一个充满创造性、神奇而又多变的过程。

动态生成的课堂教学的进行，关键需要教师进行合理调控，而这种调控完全依赖于教师对教学的敏感程度和对学生提出问题的感受能力。追求课堂教学的动态生成，不仅是积极实施以创新教育为核心的素质教育的需要，也是学生内在生命活力成长、发展的需要，还是教师生命活力、自我价值得以表征和实现的需要，更是教育永恒的、真正的价值追求。

某节语文课，我本想给孩子们讲鲁迅的小说《药》。距离上课还有10分钟时，我在教室门外就听到教室里像开了锅。

原来，美国向伊拉克开战了，布什与萨达姆之间的“战争游戏”引起了孩子们极大的兴趣，听着孩子们的谈论，思维是如此的活跃，我想这堂课还讲《药》吗？灵机一动，我转身在黑板上写下“我说美伊战争”，并说这一节课，我们围绕这一话题，请同学们发表意见。

话音刚落，同学们给我热烈的掌声，随即出现了争着发言的热烈场面：从文化、宗教，说到石油经济，从布什的霸道说到萨达姆的残忍，从双方军事力量的悬殊说到预测战争的结局……指点江山，激扬文字，尽管下课的铃声响了，孩子们仍滔滔不绝，兴致不减。多生动的课！我陶醉其间。

中午，我把这情景说给一位好友听，他微微一笑说："考试能考这些吗？你这是开无轨电车。"

我听了不禁纳闷，我是在课堂上开"无轨电车"吗？由此，我想到了徐迟的报告文学《生命之树常绿》中对陈景润的中学老师沈元的描写，他在一节数学课上向学生介绍了哥德巴赫猜想这一难倒无数数学家的难题。照今天的规矩看，这显然超出了中学数学教学的任务与范围，更与当时的课堂教学内容沾不上边，当属"无轨电车"无疑。然而，就是这辆"无轨电车"震撼了陈景润的心灵，点燃了他攀登高峰、摘取数学皇冠上明珠的热情。陈景润的成功，这趟"无轨电车"功不可没。

在中学数学课堂上讲哥德巴赫猜想，按照我们现在的课堂评价标准，无疑是失了教学目标，然而，能说"无轨电车"就是绝对脱离了教学目标吗？确切地说，这里所说的教学目标应称作课时教学目标，脱离了课时教学目标，但并未脱离高于课时教学目标的培养目标。看似是"无轨电车"，但它还是有目的地的，虽然走远了一些，但能使学生沿途领略一番"域外"的风景，也是有意义的。因此，教师在教学中不妨偶尔试一试。

在教学活动中，教师应该合理利用教学过程中所出现的不符合最初预设但很有价值的信息，及时调整课前的预设方案，根据生成性的教学资源形成新的教学思路。这样，才能出现令人惊喜的教学效果。

和数理化课程相比，语文课程更是开放的、个性张扬的，因此也是动态的。比如，教师可以在课堂上以学生有价值、有创见的问题与想法等细节为契机，及时调整或改变预设的计划，遵循学生的学习问题展开教学从而获得成功。其实，这就是课程改革中提倡的“课堂教学的动态生成”。

现代社会知识不断更新的事实告诉我们，任何知识体系都不是线性的、规定性的，知识与知识之间有交叉融合，学生的学习内容也绝不限于课本。否则，就与现代教育思想不够合拍。有目的的“无轨电车”有利于学科间教学内容的综合，有利于增加课本以外的知识、拓宽视野、开发智力、活跃课堂气氛和学生思维，有不同于书本设定知识的特殊价值，不妨偶尔一试。

“无轨电车”有时包含着教师的真知灼见、教育机智，凝聚着教师对自然、社会、人生的深刻思索，而这些往往会在特定的环境下自然流露，也因此会对学生的为人处世产生深刻影响。一个学生在给我发来的邮件中说：“我得感谢您！因为我对语文的兴趣完全是老师您引发的。您上语文课最大的特点就是能侃，天南地北、天上人间、天文地理、天涯海角无所不谈。讲《雨中登泰山》，您从泰山讲到古诗，从古诗讲到现代诗，讲到现代诗又提到徐志摩，然后便是陆小曼……您讲得忘乎所以。临下课，也许我忘记了这节课您应该告诉我的知识，但您实实在在地培养了我对文学的兴趣。这就是您经常所说的素质教育的胜利！……”

由此说来，对待教学过程中的“无轨电车”，不能一概给予否定，而应该精辨细品，看它到达的“目的地”。只要有利于孩子的学习和成长，就是值得尝试的。

教育心语

上一堂好课，有如沐春风之感。这课的成功就在于教者灵活机智的教学策略。抓住社会的热点话题，让学生在课堂上，发表看法，敞开思想。在教学过程中，激发并培养学生的语言表达和思维能力！

教 育 的 智 慧

Chapter 7

魔力语言：开启智慧的神奇『秘诀』

用热情唤醒每一粒“种子”

苏霍姆林斯基说：有激情的课堂教学，能够使学生带着一种高涨的激动情绪从事学习和思考。

激情是一种强烈而短促的情绪状态。在课堂教学中，学生有了参与的激情，才有认知的渴望，才有表达的欲望，才有智慧的灵动，才能有深刻的感悟和独特的体验。教育需要激情，因为教育是心灵的对话，是心心相印的社会活动，以心激心，以情感情。教师需要激情，因为激情可以调动学生的热情，激活课堂，提高教学和学习的效率，使学生产生浓厚的兴趣。

以教师投入课堂教学展现的激情，感召学生学习的渴求之情；以教师用心对教育的事业追求，焕发学生的终身学习热情。没有激情就不能唤醒人，没有激情就不能鼓舞人，只有激情才能产生激情。教育因生命而美丽，上课因激情而精彩！

有人曾问我，什么样的老师是好老师？是的，谁是好老师？怎样才是好老师？我想起了韩麦尔。

作为语文教师的韩麦尔先生，为了上好“最后一课”，特地“穿上了那套漂亮的礼服”。开课前，他“踱来踱去”，上课时“一动不动，瞪着眼睛看周围的东西”。当教堂的钟声和侵略者的军号声无情地宣告“最后一课”结束时，他悲痛欲绝地“站起来，脸色惨白，转身朝着黑板，使出全身力量写下了‘法兰西万岁’几个大字”之后，他“呆在那儿，头靠着墙壁，话也不说”，仅用手势示意下课……

这是中学教材《最后一课》里的描写，它淋漓尽致地表现了韩麦尔先生的悲愤交加，他用他的情感感染了学生，学生们在这最后一课，分外专心，教室里安静得“只听见钢笔在纸上沙沙地响，连金甲虫飞进来也没有人注意，就连一向逃学的小弗郎士也受到震撼……”无疑，韩麦尔培养了孩子的爱国情感，他是好老师！

我想起了惠特生，他是一所小学的自然老师。

一次上课，惠特生给学生介绍了一种名为“长翼飞猫”的动物，他说这种动物习惯在夜间进行飞行活动，但适应能力很差，早在冰河时代就完全灭绝了。惠特生一边讲解，一边展示这种动物的头盖骨。学生们认真地做着笔记。

接着，惠特生先生对学生做了一次测验，要求学生描写“长翼飞猫”的形状、生活习性等。两天后，学生们拿到老师批改过的试卷，上面满是红叉，全班都考了0分。“老师搞错了吧？每道题都是老师讲过的？这到底是怎么回事？”一个个学生看着老师，惠特生说，这很简单，所谓的“长翼飞猫”完全是我杜撰出来的，世界上根本没有这种动物。我在讲课时反复强调，这种动物早已灭绝，而且遗迹全无。那么，我哪来它的头盖骨？这明明白白告诉了你们，我是在胡乱编造。

惠特生对学生们说，我希望你们明白，老师和课本都有可能出错，事实上我们每个人都有可能出错，我们的头脑不能被动地接受知识，更要去思考问题和分析问题，分清是非，坚持真理……

无疑，惠特生也是好老师，他想方设法要孩子们学会思考分析，不要盲从。

优秀的教师，并不是把所有知识都讲出来，而是积极诱导学生进行自我探索。“自学”情绪一旦被激发出来，学生的整个认知系统就会被激活，并高速运转起来。

巧妙的诱导是激发学生积极情绪的绝佳手段。教师适当地使用这一方法可以有效激发学生自我探索的潜能，促使学生由最初的兴趣萌芽阶段进入主动探索、理解知识的阶段。

我多次听说过类似如下的事情。

国内的一些高才生到国外念大学或研究生，学习总是格外用功，上课认真记笔记，下课认真对笔记，考试前认真背笔记。考试的时候，老师讲了6点，我们的学生绝不会少写半点，保证将老师讲的内容全部复述出来。在中国，这样学生的卷子表明老师的内容全部掌握了，自然是高分。可在国外最多只能得个B等，通常可能得C等。而一些学生，只答了一两点，但富有创见，是他自己思考出来的，这样的卷子能得A等。

我们有些学生表示不理解，去询问老师：“我们6点都讲出来了，为什么只能得C等，而他们只答了一两点，却得A等？”老师的回答也是值得回味的：“你答了6点不错，可是这6点我都已经讲过了呀！我讲过了，你还说它干什么呢？我讲的6点是我思考的，是已有的6种可能性或解决问题的6种方法。他们只讲了一点或两点，但那是他们自己思考的。我讲课的目的，就在于启发大家通过我讲的6点，形成你们自己的思考，得到你们自己的答案。”

由此看来，一个好老师是不会把知识的传授作为教育的唯一的、最高的目的。好老师善于运用现代的教育方法，懂得如何去开启学生的心智。他的教学不仅关注怎样给学生的铅桶里注水，更关注学生怎么能不断向外流淌出创造之泉。如果因为对知识的追求而淹没了学生对探索的渴望，这样的老师不能算是好老师。

知识不过是智育的载体，学生学习知识固然重要，但更重要的是学生在获取知识过程中所得到的获取知识的能力。教师传授知识，是给学生进行智力体操的训练，目的是让孩子们的思维能力、想象能力和创造能力得以发展。通过智育，让学生养成良好的学习习惯和自学能力，并具备持久的学习兴趣、浓厚的学习情感、坚韧的学习意志，为他们今后终身发展打下基础。这才是好老师!

总之，教师上课要有激情。这个“激情”不是简单的“热闹”，不是单纯的“热情”，不是玄虚的“造作”。激情课堂不是教师的搞笑与滑稽逗乐，而是教师的高尚情操和丰富智慧的展现，是高雅的艺术性与幽默的趣味性有机融合；不是手舞足蹈博得一笑而已，而是用富有激情的言行给学生以意味深长的启迪；不是哗众取宠，而是用现代教学方法与手段激发学生的兴趣。所以，让我们都努力做一个有激情的教师吧!

教育心语

激情的教师富有感染力，激情的课堂富有生气；激情是教师的亲和力，激情是课堂教学的催化剂。教师要有丰厚的功底，这是教师产生激情的前提和条件。

教师的激情来自自信，对自己的能力、实力充满信心，表现在外部就会充满激情；自信来自博识，来自丰厚的积淀，没有博识和丰厚的积淀就没有智慧，没有智慧也就很难有激情。

语言决定着学习积极性

苏霍姆林斯基说："老师的语言修养在极大的程度上决定着学生在课堂上脑力劳动的效率，我们深信，高度的语言修养是合理地利用时间的重要条件。"严谨的语言使人可信，幽默的语言使人愉快，激昂的语言使人振奋，形象的语言使人清晰。

作为一名教师，在课堂中恰当合理地使用语言显得尤为重要，语言是纽带，是师生、生生之间共同交流对话的主要工具。教师主要通过语言传道、授业、解惑、引导、点拨、启发，而学生则主要通过教师的语言理解并掌握知识，建构自己的知识结构。

有时，领导的一句表扬或鼓励都会让我们工作更有动力，一句不当的批评可能会打击我们的积极性，也有可能促使我们更好的反思从而进步。成人都如此，何况学生呢？在教育学生的过程中，教师的语言是非常重要的，有时一句话说得不合适可能就会给学生造成阴影，而有时一句话说得好可能会成为学生的一束光。

一次闲聊，同事说她读一年级的儿子造了一个"我坐在树的年轮上"的句子。

一听这个句子，其中的意趣犹如一股恬淡的村野清风直入胸襟，我不禁脱口而出："好！"当时，四座附和，认识一致，多么有创造性的句子。结果，同事说这个句子被老师的一个“×”扼杀了，原因是把“树桩”误写成“树的年轮”。在场的人都觉得匪夷所思，引发了一连串“为什么”……

从低年级学习规范语言的角度来说，这个句子着实不恰当。“坐在树桩上”，多明了具体的画面。“坐在树的年轮上”我们也能明白，还觉得有新鲜感，可是老师不认为。这是因为被我们所忽略的——被成年人的洞察世事的如炬眼光所忽略的，恰恰是儿童丰富的情感世界、丰润的语言天赋。

我们在评价一篇文艺性语言材料时，除了看它是否具有丰厚的思想内涵，还会看这篇作品的语言表达是否生动，是否能引发读者的回味与遐想。因此，也就出现了“阳光被我折断了”“抽出额头上的皱纹”这如诗般的跨越想象与思维空间的言语，或是干脆来个“黑得无比的白”这种放肆而大胆的诉说。如此说来，“坐在树的年轮上”这类儿童内心世界的“真”话，怎么就可以活生生任其夭折呢？

无独有偶，一位同事曾写了一篇关于“宽容给学生和自己带来愉悦”的文章，让我给起个有创意的题目，我随口而道“美丽你的心情”。没想到，这个题目引起了一场不大不小的校园风波，许多教师一致认为此题不可用，原因是句子有错，表达上不规范。结果，这个题目便被扼杀在襁褓之中，取而代之的是“宽容的效应”。我默然……

记得一位小学语文老师说过一句话：“语文教师就是多了那么一份滋润，这一份滋润来自语文的滋养，而不是干巴巴得像具木乃伊。”这话听起来虽有些过激，却是一句大实话。作为教育工作者，必须努力追求，自觉进修，让自己的情感更丰富，思想更殷实，语言更灵动。可反观现实，我们真的有必要对自己及我们的教学行为进行一番反思。

“让每个孩子都有机会栖息在一个灵动的世界、一个充满着智慧与情感的世界里，让每个个体能在这样一个世界里获得生命的感悟与成长。”这是我们每个老师的追求，更是语文教师的追求。然而，又有多少“坐在树的年轮上”被扼杀在我们的教学中呢？

我们的语文教学确实存在着把一片原本丰润的水草沙化成赤地，然后又千方百计地进行植被再造的现象。一个孩子，是天生的诗人、幻想家，如果我们能用自己的学识修养，用教学的丰润来滋润他，那么就能让他成为真正的诗人、真正的创造家。当然，合适的语文教学手段需要教授者的滋润才能达到。不然，也就会出现“美丽你的心情”的不美丽评价，最终我们“生产”出的也只能是“宽容的效应”这种方方正正、规规矩矩的个体。自然，也就少了份突兀的棱角、灵动的思维。

由此可见，我们的语文教学必须赋予“童年的纸飞机”一份轻盈、一份生命、一份智慧，才会使儿童的理想飞向蓝天，自由翱翔。我们期待着！有了这份期待，才会使我们更自觉地让自己沐浴在书香中，细心呵护每个孩子的“童话世界”。

课堂教学语言表达，是教学艺术的一个基本且重要的组成部分。教师向学生传道、授业、解惑，以及师生之间信息的传递和情感的交流，都离不开运用教学语言这一有力工具。正如著名教育家夸美纽斯所说：“教师的嘴，就是一个源泉，从那里可以发出知识的溪流。”

在课堂上，教师通过情趣盎然的表述、鞭辟入里的分析、恰到好处的点拨，把学生带进知识的海洋，开启他们的心智，陶冶他们的情操，使他们获得精神上的满足。因此，要成功上好每一堂课，教师应不断提高自己的语言修养，熟练掌握教学语言运用技巧和艺术。

教师只有不断追求课堂教学的语言艺术，具有较好的语言修养，才能让课堂教学生动活泼、妙趣横生。

教育心语

语言具有力量，如果教师能够拥有语言的力量，就可以给学生带来勇气，激励学生发挥出他们的能力。教师的魅力很大程度上是从其说话艺术上体现出来的，作为一名教师，必须认真地揣摩自己的语言，在实践中坚持不懈地训练自己的语言。

语调保证着信息接收率

心理学家赛门斯说："在教师的许多特性中，声调占着一个最重要的地位。声调并不是教师的技能和设备中一个重要部分，但是一种不好听的或低沉的声调很可能阻碍教师事业的成功。"

教师教学语言的速度"快些慢些"，对学生来说是不是科学，是不是合理，对于教学效果的好坏有直接的影响。并且，这"快些慢些"之间有不少值得我们研究的地方。

在现实生活中，每位教师都有自己的讲话习惯，各自说话的速度总是有差别的。比如，有些年轻教师说话比较快，属于"连珠炮式"；老年教师说话往往比较缓慢，属于"挂慢档"；而女教师讲话，一般比男教师快。这些都是指"生活语言"。至于教师上课时所用的"教学语言"则属于一种专门的工作语言，它在许多方面与生活语言不同。

就讲话的速度来说，不论是什么年龄、性别、性格、籍贯的教师，一旦进了课堂，上了讲台，就不应该用日常的生活语言习惯速度去讲课，而必须受课堂教学自身规律的制约，受与教学有关的诸多因素的支配，不得有随意性。凡有事业心、责任感的教师，都应该对自己的教学语言速度进行一番科学的分析与检验，都应该认真地探索和把握最科学、最合理的教学语言速度。

在日常的教学工作中，教师还应当注意对语调的应用。教师讲课时的语调不能一直过低，也不能一直过高，还应该根据学生的年龄特点调整讲课的节奏。对低年级的学生来说，教师应适当放慢讲课的节奏，以便学生能够听懂。当然，也不能太慢，节奏太慢的话，学生的注意力容易分散。当然，所有这些的前提是吐字清晰。语调的合理利用，可以提高教学效率。

有人做过这样的实验：当问话人用比较平和的语调向被试者提问时，被试者则用平稳的语调回答提问；问话者如果用较高的语调提问，被试者也会用较高的语调来回答。这种现象被心理学家称为“附属效应”。

社会学的研究表明，人们都有模仿他人言行的倾向。所以，如果教师在批评学生时采用大声训斥的方式，就只能换取相应的“回报”或更强的“对抗”；而平和舒缓的语调能给人以理性感，能使学生自觉接受理性的对待，从而以理性的方式做出反应。可以说，在一定的程度上，语调对教育工作的成败起关键作用。在一般情况下，有经验教师的语调是清新而平缓的，给人一种亲切可近、和蔼可亲之感。

有些教师自恃声音“洪亮”，即使在规模比较小的课堂上也习惯于放开嗓门，像在大会上演讲。殊不知，这种习惯的坏处实在是多：一是教师无谓地消耗能量和精力；二是不论楼房、平房，学校教学区的建筑结构总是一排排教室毗邻连接的，当这屋上课时，那屋也在上课，如果某个教室里教师讲课声音过大，对邻班的教学秩序会产生严重的干扰和破坏作用。

此外，对本班的学生来说，超过所需响度的讲话会使学生感到太受刺激而心神不宁，影响信息接收和及时反馈。例如，有的老师讲课，倘若他的声音震耳欲聋，其实学生苦不堪言，尤其是第一排的学生，不听觉得错过知识可惜，听又确实震得耳朵难受。反之，如果教师说话声音过小，达不到一定的响度，后面几排座位上的学生就可能会听不清，不能顺利接收教师发出的全部语言信息，当然也直接影响教学效果。比如，有的老师讲课的声音太小，后面的学生就会总提问或提意见。教师的声音不能覆盖整个课堂，不仅降低了教学效果，同时也好像教师自己自信心不足似的。

对于教师来说，适当提高声调可以引起学生注意，激发学生兴趣。但需要注意的是，一切鲜明的、非同寻常的事物，作为激发学生兴趣的手段都是很诱人的，如果教师不善于运用，都会转化为它的对立面。也就是说，教师在成功引起学生的注意之后，就没有必要一直提高声调，让学生兴奋了。这时，教师可以逐渐地放低声音，当然这样做的前提是得保证学生可以听得清。

有时教师提高声调说出来的话，会使学生大脑皮层两半球进入某种持续的状态，从而引起学生的疲劳。处于这种状态中的学生看似很专心在听讲，但实际上可能什么也没听见。其实，如果这个时候教师观察学生的眼睛，会发现很多学生已经目光涣散了。整节课下来，不仅学生疲惫，教师也疲惫不堪。

所以，教师在教学中应该注意不要使自己的声调太低，也不要太高。注意抑扬顿挫，要在重点的地方适当提高声调，让学生注意力集中。

一般情况，人的思维语言快于口头语言。但对学生来说，进入一个新的认知领域，需要加上感悟、回顾、联想、辨析、确认等思维内容，往往思维慢于教师语言，如果教师的语频太快，学生的“耳朵”就会跟不上教师的“嘴巴”，就会形成“应激性疲劳”，由此导致的压力和紧张会造成领会困难，从而影响学生理解，也影响教师信息传达效率。

另一种情况，是一些学生反应快，感悟力强，对教学内容有过体验或经历，就对教师语言“下文”怀有期待。这时，教师如果语频太慢，让人盯着嘴巴等下文，拉长学生的思维空白，会使学生产生“期待烦躁”，同样会影响学生上课的情绪和教师信息传达的效率。

也就是说，教学语言语频的一般标准，是能基本达成与听话者思维语言同步。

语言是教师进行教育、教学的载体。在教学中，教师的语言和教学效果密切相关。而语调是语言用的最高级、最具说服力的一种形式。

教师自然流畅的语调、抑扬顿挫的节奏，能使学生置身于良好的语言学习环境，保证教学信息在传输的过程中发挥最佳的效能，在潜移默化的熏陶中培养学生的学习兴趣。语调在教师的语言艺术修养中占有很重要的地位，恰当的语调能使其语言平地生辉，具有磁铁般的吸引力；拙劣的语调则使其语言黯然失色，教学效果也受影响。

所以，我们在强调教师提高语言修养，强化语言的准确性、科学性、简洁性、逻辑性等方面的同时，千万不能小觑与之密切相关的语调问题。

教育心语

在课堂教学中，教师好的语调并配以温润清亮的音色，会令人悦耳、爽心，有助于惟妙惟肖、栩栩如生的描摹各种声音及其变化，使教学充满生机和趣味，增强感染力。而毫无变化、单调呆板的语调，会令人生厌、精神萎靡。重视课堂的语调掌控艺术，应该是每位教师的追求。

无声的语言更具有吸引力

俗话说：表情是一个人内心的晴雨表。而学生的表情，也是教师开展课堂教学的晴雨表，是课堂中最直观、最富有生机活力、最有魅力的教具。表情在很大程度上决定着教师教学效果的好与坏，学生学习效率的高与低。

教育有别于其他行业，因为我们的服务对象正处于成长发展之中，我们的举手投足都对他们产生着作用。教师积极、阳光的表情能使他们心情愉悦，更愉快地投入学习。

比如，教师精神饱满、神采奕奕地站在讲台上，学生由于心情愉快，接受知识快，思维也变得敏捷，能提出有用的问题，并能积极解决问题，这反过来又对教师产生着积极的影响。这样一来，教学目标的达成度就高。

相反，如果教师带着一副沮丧的表情，或是走进教室看到不顺眼的事情就大发脾气，大声训斥学生，学生一个个心理紧张，不敢吭声，教室就真的成了教师唱独角戏的舞台了，而且绝对是顶着大鼓唱戏——费力不讨好。这在很大程度上，也影响着教师自身能力的发挥。

有调查表明，教师给学生传递的信息效果 =7% 的文字 +38% 的音调 +55% 的面部表情。可见，教师的表情语言对学生的课堂学习起着举足轻重的作用。

其实，如果能做好表情管理，教师自己的心情也能得到很好的调节。

然而，在教师中还流传着这样一种说法："学生是蜡烛，不点不亮，你对他好，他反而吃定了你。"学生们真的就"欺软怕硬"吗？为什么会有教师见到学生就板着脸呢？

一位教师给出了这样的答案："教师特别是有些班主任经常板着脸，有的可能是出于教师的一种个性心理特点，个别教师由于生活煎熬，形成了这种表情定势；有的可能是因教师一时的紧张而表现出来的努力压抑喜怒哀乐的一种临时心理状态，这在初涉讲坛的青年教师身上比较常见；而更多的则是由于受传统教育中'师道尊严'观念的影响，在这种思想的支配下，许多教师刻意追求表情上的威慑力，所以总是板着面孔，不苟言笑。"

但是，作为教师的你知道吗？其实，课堂上教师的"面无表情"可是大忌。这里所说的无表情，是指某些教师在课堂上面部表情看不出明显的变化，他们的表情常常是严肃认真有余，而亲切自然不足。这种面无表情教学会使课堂上师生之间的心理距离增大，教师也会给学生留下疏远感与拒绝感。

大量的实践证明，在人际交往中，体态语言的表达效果更好。在课堂上，教师要遵循的一个原则就是大的框架要粗线勾勒，小的细节要细线描画。

教学中，最能给人留下印象的，往往不是整体构思与设计，而是对细节的处理，可能是教师一句机敏的话、一个得体的动作。

有一位教师在讲授《泉城》一课，作者在第二自然段描写珍珠泉的样子时写道：“在阳光的映照下，那珠串忽聚忽散，忽断忽续，忽急忽缓，仿佛有一只神奇的手把它们拎到了水面上来。”他顺势伸出自己的手做出了“聚散、断续、急缓”的动作，此时的手就像一根神奇的指挥棒，同学们不约而同地边念叨着这句话边和他一起做起了动作。

没有语言，只是目光、手势与表情的交流，却达到了“此时无声胜有声”的境界。同时，珍珠泉的样子不用多作讲解，学生早已熟记于心。

教师上课要眼观六路，耳听八方。如果一个教师的眼睛老是盯着教案和课本，是他能力缺乏的表现；眼睛老是看着天花板和窗户，是他胆怯的表现；眼睛老是看着某些学生、某一角落，被忽视的学生就会有冷落感，还会给个别不专心听讲、不守纪律的学生以可乘之机。

不满、警告、生气、严厉、鼓励、亲切、期待等信息，都可以通过教师的眼睛快捷直接地传递给学生。用眼睛说话，可以少费许多口舌，会让人觉得教师沉稳，会使课堂“干净”。教师批评学生要限时，说的话要限量，并尽量不给学生留下背后挖苦、嘲笑的把柄。

眼睛是心灵的窗口，通过眼睛能够表达很多意犹未尽的语言，有的时候让人不寒而栗，有的时候让人心领神会，有的时候甚至能够达到“此时无声胜有声”的效果。

正如法国著名作家雨果的一句话：有一种东西，比我们的面貌更像我们，那便是我们的表情；还有另外一种东西，比表情更像我们，那便是我们的微笑。

曾经，有位教师对我说起这样一件事。

记得一节语文课上，当我自以为很简单的一个提问却没有一个学生举手回答时，我不禁皱起了眉头，用疑惑的目光搜索着学生的表现。突然，坐在最前面的一个长得白白净净的女生眼睛一眨不眨地望着我，悄悄地用两个食指把嘴角的肌肉往上一托，给了我一个微笑的暗示。

我恍然大悟，会意地向她点点头，继而面带微笑地环视正在思考的学生。一阵耐心的等待后，终于一双双小手慢慢地举起来……

微笑架起了我与学生交流的桥梁，开启了心灵和思维的碰撞，如同阴暗的屋子里射进一缕阳光。

人们的面部表情是丰富多彩的，它最复杂、最敏感，也最微妙。甚至有些很难用语言表达的细微深刻的感情，都可以通过面部表情惟妙惟肖地表达出来。在课堂上，学生不但要听，还要看。要让学生感觉出语言的“甜”味来，表情无疑可以帮大忙。如果教师面目慈祥可亲，情感表露丰富，会大大加强课堂言语“甜”的效果。

有些课的知识虽然深奥晦涩，但是学生们整节课都听得很专注，而且能学会。为什么呢？因为教师和蔼可亲，眼神中含着笑意和鼓励，循循善诱的语言洋溢着快乐，像叙家常一般，在不知不觉中，每一个知识点像潺潺的泉水一般流进了学生的脑海。

因此，作为教师不可忽视面部表情的作用，特别是眼神的运用。要让学生从你的眼神中看出深厚而动人的感情、倾心而热烈的嘱托、热情而深沉的关怀……

教育心语

教师应学会运用优美的声音和优雅的姿势。善于运用恰当的语气、变化的节奏和端庄的身姿，善于运用自然的眼神和得体的“有意手势”。让“美的声音”和“雅的姿势”成为教师传授知识的有力工具，让优美的声音和优雅的姿势同教师渊博的知识、深邃的思想及高尚的人格一起，共同促进教学。

幽默是课堂气氛的“魔法棒”

教育家斯维特洛夫说：“教育家最主要的，也是第一位的助手是幽默。”幽默是一个好教师最优秀的品质之一。

一个好的教师，不仅要课讲得好，而且还要善于调控课堂气氛。授课的过程中，当学生昏昏欲睡时，当学生思想开小差时，自然而巧妙地加上一段幽默语言，不仅能解除学生的疲劳，还能在欢快的气氛中集中学生的注意力。

教师的幽默，主要是指教师能用寓意深刻而又诙谐有趣的语言进行教学。教学幽默是教师思想气质、才学、视野和灵感的结晶，犹如一根神奇的魔棒，常能使语言于瞬间闪烁出耀眼多彩的火花。教师的幽默益智明理，是才华的流露；教师的幽默诙谐轻松，折射出的是真善美的心灵之光；教师的幽默，可以活跃课堂气氛，调节学生的情绪，愉悦学生的精神；教师的幽默，可以和谐师生关系，增强教师魅力；教师的幽默，可以激发学生的学习兴趣和求知欲；教师的幽默，可以开启学生的心智，活跃学生的思维。

在课堂教学中间来点幽默，犹如“兴奋剂”，可以调节学生的情绪，驱散学生的疲倦感，点亮学生的注意之灯；同时教学内容因幽默而趣味化，也使得学生的知识记忆和巩固更高效。

有一位身材比较矮小的老师，第一次给学生上课时遭到嘲笑。这位老师微笑着说：“同学们，今天我能博得大家开心一笑，证明我们之间的感情交流已经迈出了可喜的一步。在今后的教学中，我将取你们之长来弥补我之短，提高提高自己！”一个十分尴尬的局面就在这位老师的幽默点拨之下，巧妙地应对过去了。

我国上海特级教师于漪主张“努力把课上得情趣横生”；辽宁特级教师魏书生明确地向自己提出“每堂课都要让学生有笑声”的要求，在课堂上力求使用幽默风趣的教学语言，不仅使优秀学生因成功而发出笑声，也使后进生在愉快和谐的气氛中受到触动。这些优秀教育工作者，用自己的行动证明：教师幽默的本质，是对学生的爱与争取被爱。

国外的一些教师在课堂上也会尽力表现其幽默风趣，一个教条、呆板且只会照本宣科的教师，会被学生认为是无趣的教师，他的学期结束时的教学效果评估的分数也不会太高。所以，教师在课堂上的神态仪表都非常有个性，其教学方式也丰富多彩。

在教学中，恰当地运用拟人、比喻等手法，也能造成幽默感，给学生以趣味横生的感觉。

一位生物老师在给学生讲人体内白细胞不怕自身死亡吞唾病菌、保护人体健康时，使用拟人手法设计了如下一段话：“不要小看白细胞这位‘人体卫士’，当人体某处受伤、病菌入侵时，他们就会闻风而动，纷纷冲出毛细血管，与病菌展开殊死搏斗，直到将病菌消灭为止。一些白细胞由于吞食了大量病菌，自己也壮烈地牺牲了，表现了舍己为人的献身精神和可歌可泣的英雄气概！”

这番生动活泼的话语，对活跃课堂气氛、增强学习的趣味性无疑是大大有利的。

教师的幽默富有感染性和迁移性，有利于沟通师生之间的情感，建立良好的师生关系。教师通过幽默的语言、动作、表情等，不仅拓宽了自己的思维宽度，以自身的“范例”倡导平等、民主的师生关系，而且学生通过教师的幽默，消除了对教师敬畏的心理，缩短了师生间的心理距离。

适当的幽默能使学生认识到教师丰富多彩的个性特征和内心世界，觉得教师不是只有可敬畏的一面，而且还有有趣可亲的一面。幽默可以不断改善师生关系，师生通过彼此反馈的信息进行调整，形成互助合作的师生关系。这样，我们就可以建立一种人格平等、作风民主的融洽的师生关系。

当然，幽默并不是故意搞笑，而是在笑中含有目的的——让学生明白某个道理。

有一位老师在教《游园不值》时，一个学生“砰”一声破门而入，径直入座。

老师未予理会，继续就诗句问其他学生：“‘小扣柴扉久不开’，诗人拜访朋友，为何用‘小扣’，而不用‘猛扣’呢？”学生答道：“因为诗人有教养、懂礼貌。”

然后，老师轻声问刚刚那位“无礼”的学生：“你说大家说得对吗？”诗人用“小扣”一词，肯定不能简单地用礼节观念来解释，而这位老师只是以之为契机，既巧妙地教育了迟到的学生，又活跃了课堂气氛。

抓住契机，及时生发。课堂不是完全按照既定的预设向前发展的，备课永远有不完善之处。有时，课堂中的突发事件就是幽默的契机。教师及时抓住幽默的契机，就能取得良好的教学效果。

授课内容的深度和广度加工，往往就是产生幽默的契机。例如，在教学《荷花淀》一文时，教师在讲完了水生嫂温柔贤淑的性格特征后，要求学生重新塑造水生嫂的形象。这位教师提示了三个版本：一是泼辣的虎妞版水生嫂；二是羞涩版水生嫂；三是蛮不讲理版水生嫂。学生改编后师生集体修订。如果再配以方言加以描述，就更会产生妙趣横生的效果。

幽默是一种能力，是一种艺术，是能够培养的。幽默有利于教学，但教师绝不能“为幽默而幽默”。幽默不是油腔滑调，也非嘲笑或讽刺，浮躁难以幽默，装腔作势难以幽默，钻牛角尖难以幽默，捉襟见肘难以幽默，迟钝笨拙难以幽默。只有平等待人，游刃有余、超脱从容、聪明透彻才能幽默。

教育心语

教师幽默的语言，不仅可以使课堂气氛更加活跃，而且可以使学生在一笑之余引发联想，使学生感受到学习的乐趣。不仅如此，幽默还可使学生充分感受到老师的人情之美和性格魅力，达到“亲其师而信其道”的目的。这样的幽默语言调节了课堂的气氛，激发了学生的兴趣，启迪了学生的智慧，让学生在和谐愉悦的氛围中得到启发，更让课堂增加了浓浓的人文气息。

教 育 的 智 慧

Chapter 8

减法教育：『大语文』时代，让孩子爱上阅读

12
1
2
3
4
5
6
7
8
9
10
11

“大语文”时代已悄然来临

这些年来，我一直为语文教育而纠结。记得几年前，我写过一篇名为《我为语文教育担忧》的文章，发表在中国青年报上，引起了不小的反响。语文教育、汉语教育的忧患在哪里？

我认为，忧患在国人汉语水平的下降。我们不得不正视这样一个严峻的事实：随着国家改革开放步伐的加快，国人的英语水平在大大提高。但我们也应该看到问题的另一面，中小学学生、国人的母语水平不尽如人意。

伦敦奥运会举办期间，我一方面为运动员取得如此骄人的战绩而激动，另一方面又为他们担心，因为有部分运动员不大会表达，说话不够得体。

比如，有一天我打开电视看新闻，播报员在“奥运早知道”报道：昨日我国收获四金。多好！接着看记者采访获奖的运动员，记者问他比赛时的心情如何，他是怎么表达的呢？他说他把比赛看成是一次练习，“前两场中国队失手了，我要守住这块阵地，我上去就是为了复仇”……

“我上去，就是为了复仇”，这话说得太不得体了，有损大国的精神和气度，也违背了奥运精神。奥运会的标志是什么？是五环，象征着五大洲的团结互助和相亲相爱。奥运会想要传达的精神是什么？是公平竞争，互相理解，友谊团结。怎么会和“复仇”联系起来呢？但这也不能怪我们的运动员，因为他说的是自己的真心话，但在这个场合下，这句话显然不够得体。

我记得有位老前辈曾经告诉友人：任何场合，一要说真话；二是真话也不能全说；三是说真话要有合适的环境。所以，教师不仅要教会学生讲真话，还要教会学生表达的得体性和语言的分寸感、幽默感。这样，当记者采访运动员时，他们的表达就不会只是“我很开心，我很感动”这几句苍白无力的话了。

语文教育要给学生种下精神的种子，语文教师要做播种精神的人。如果一个学生从语文课堂走出去，在漫长的生命旅途中驻足回首时，能有一种精神归属感，那这样的语文教育就是成功的。语文教师在教学中要经常提醒自己：你的语文教学有一直关注学生的生命成长和个性发展吗？你做到了以语文为契机，有效地培养学生的人文精神吗？你的语文教学为学生的人生规划做出过贡献吗？如果一个语文教师的教学仅仅停留在所谓的“用最经济的方式向学生直接传递标准答案”，那他就是不负责任的、不合格的语文教师！

教师，尤其是语文教师，是一个一辈子不断学习的事业。借用朱永新先生的话来说，一名语文教师在教育的舞台上走多远，取决于他读书的积累有多深厚，取决于他在读书的过程中能否独立思考。一个人有了独立思考的能力，就不会轻易地相信别人。我曾经在《教师要成为学校精神文化的绅士》一文中说：“语文教师要有书卷气，要博览群书。读书是一个人精神的壮游，你读书，就能在智慧的海洋中徜徉，两岸都有思想的花香。读书，不仅仅能读出知识，更能读出智慧、读出人品。这样，你的思想才会深刻，你对作品的理解才会有独到之处，你的教学才能风生水起，无比精彩。"

新课程改革方案特别强调育人价值导向，将育人当作义务教育改革的核心追求，其中一个显著特征就是"素养导向"，贯穿于课程编制、课程实施的全过程，从根本上保证了育人方向。强调"素养导向"，要求学校注重培育学生终身发展和适应社会发展所需要的核心素养，特别是在真实情境中解决问题的能力。这就要求广大教育工作者的心态也要从"照着书本教学生知识"向着培育"有理想、有本领、有担当"的时代新人转变。

我们说教育美丽，是因为教育培育的是智慧的花朵。教育本身也是一项需要大智慧的事业。叶澜教授说：智慧不是简单的、一般的逻辑思维能力。在实践中的智慧是透视实践、改造经验和提升自我的能力，它往往表现为怎样处理鲜活的具体复杂情景和过程中产生的各种情况，并能在这个过程中不断形成新的理解、新的思想。一个人只有具备了这种创造智慧，才能达到一种通达洒脱的境界。要达到这样的教育境界，需要教师有很高的的综合素质，需要教师在教育、教学实践中培育自己的创造精神。所以落实新课标，需要教育工作者认真学习，深刻领会精神实质！

教育是一门智慧之学，在新课标颁布之时，我期待教育工作者认真学习，创造性贯彻！我一直认为教育其实很简单，但做教育的人，工作不能简单化；教育是很美丽的，做教育的人自己心灵要更美丽。明白了这两点，我们的教育才有希望。

教育心语

跟之前更注重语文素养的培养相比，“大语文”是人文性与工具性相结合的一种体现。提倡从中国传统文化宝藏中汲取精华，弘扬千百年来祖先留下的品德精神，培养每一个孩子的文史哲艺综合素养。除了考查孩子的学校随堂学习能力，对课外的延伸阅读也有了质和量的要求。

把语文课教成最轻松的课

“因为数学老师外出，上午第三节课改上语文课。”班主任老师话音刚落，同学们便噼里啪啦地鼓起掌来，教室里充满了快活的空气……

同学们如此爱上语文课，让担任语文老师的我好不激动。可转念一想，又有些疑惑。下了课把这事与同事们一说，大家都有学生们不厌烦上语文课的同感。但你一言我一语探究原因的结果竟是“语文课省力、轻松，他们可以放松放松，甚至可以打点瞌睡”。没有老师说是自己的课上得精彩让同学们喜欢，也不完全赞同教材上尽是文学作品让同学们很享受的看法。

语文课到底轻松不轻松？语文课能不能轻松呢？

有老师说：“现在的语文课有点像语文课了，语文课就应该让学生轻松轻松，在熏陶中怡情养性，提高人文素养嘛。”

也有老师说：“文学具有教育作用，还有审美娱乐作用，语文课当然可以轻松快乐嘛。”

新大纲以及新的语文课程标准中出现了“语文素养”的概念，语文素养是语文知识和语文能力、语文积累、思想感情、思维品质、审美情趣、学习方法、学习习惯的融合。语文素养绝不是一种纯粹的语言技能，而是一种综合的文明素养，是个人融入社会和自我发展不可或缺的基本素养。语文素养方面的基本要求概括起来包括六方面，即必要的语文知识、丰富的语言积累、熟练的语言技能、良好的学习习惯、深厚的文化素养和高雅的言谈举止。语文素养概念的提出，要求语文教师在教学中既要弘扬科学理性精神，又要注重语言的准确、简明和实用；既要满足国家现代化生产的基本要求，又要注重对学生创新思维的培养、人文精神的熏陶和完美人格的塑造。

我以为语文学习不仅是学文学，还要学语言。语文课具有多重功能，学语文是既要记性，也要悟性，还要提升德行的。在目前“挣分”仍如“挣钱”一样紧要的情况下，教师要想让语文课做到既让学生“享受”，又在考试中体现学生的语言文字表达能力和文学素养，还要看得见考试分数的明显上升，就只能坚持“两条腿走路”，把愉快教育和严格训练相结合，把加强双基与发展思维相结合，解决好既让学生轻松又不能让他们放松的矛盾。

我曾对学校高二年级的学生进行调查，认为语文课不轻松的人之中，有 40% 的认为语文课不是最轻松的，因为体育课、音乐课等不需要高考的课才最轻松。另外 60% 的认为语文课不是最轻松的课，理由则主要有以下几点：

第一，相对于数理化而言，语文课只是一种很好的调节，只是换一种思维方式而已，事实上并不轻松。

第二，学语文需要有广博的知识底蕴，不仅需要课内的，还需要课外的，而且许多学习方法真正要用于实践很难。语言点、知识点太多，令人目不暇接。语文课上有许多没见过、没听过的新东西，有时一不留神，就可能错过一个知识点，而老师往往只讲一遍，不像其他学科，所以并不轻松。

第三，语文对人的能力要求也是多方面的，如听说读写中的听，不仅要听清别人的话，还要听出别人的言外之意、弦外之音；说，不是会说几句中国话，而是赞美时不露痕迹，讽刺时辣人于无形；读，是一种艺术，开始读要体味意境，后来读则要能写出所读之物的思想；写，更是一种艺术，要表达出自己的所见、所闻、所思、所感，没有深厚的文学修养、文化素养，谈何容易。

第四，语文课要理解的意蕴太深奥，因为与作者及其生活经历离得太远，文言文和诗歌很难理解，对思维能力尤其是对悟性要求太高。

第五，语文学习的过程就像是人的成长过程，语文水平提高的过程就是人的综合素质提高的过程，需要时间的积累，需要恒心，需要循序渐进，想一蹴而就是不可能的。有时由于看不到分数上的成效，容易让人灰心。花了时间，效果却不能立竿见影，有时会让人畏惧害怕。语文课的收获不明显，不像数理化那样一道例题搞清楚了，相关题目就可以举一反三做出来，语文课上好文章读了很多，听老师讲析了很多，但不能很快让自己写出好文章。特别是语文考试时选择题拿不准，问答题不知如何下手，文言文云里雾里，作文碰碰运气，所以不觉轻松。

第六，有人对语文课缺乏兴趣，但它又是"语数外三分天下占其一"的重要学科，为了考试，不得不去应付，不得不集中精力，不得不开动脑筋进行联想和想象，强扭的瓜不甜，如何轻松得起来？

而认为语文课是轻松的同学，给出的理由也是多种多样的，有学科本身的原因，有任课老师的原因，也有学生自身的原因。

有些同学认为，对于数理化等需要严密的数理思维逻辑的课程而言，语文课不用进行烦琐、繁杂的计算，不必为解题而思考。语文课也不必像别的科目那样要全神贯注地听，有时开会儿小差也没什么大碍。

有的同学觉得语文老师风趣幽默，讲课生动真实，能充满激情地讲些有趣的事情，调动同学们的思维积极性，而不只是照本宣科，沉闷死板地唱“独角戏”。语文老师不搞“满堂灌”的填鸭式教学，让同学们在潜移默化中学到了知识，启迪了思维，开阔了视野，在活跃的气氛中轻松收获。

也有的同学觉得语文课没有紧张感、压迫感，可以无拘无束，可以自由发表自己的见解，与老师共同探讨疑难问题，并在轻松愉快中解决问题。语文老师讲得轻松、灵活而不呆板，还能经常让同学们适度地笑笑。上课时不用担心突然被喊回答问题而自己却回答不上来，即使是回答错了也没关系，至少对语文老师没有畏惧感。

当然，在我看来，课堂上不该有太多的“突然袭击”，这会给学生带来很大的压力，“减负”也包括适当“减压”。老师也不该太有“师道尊严”，应尽量宽容学生的错误，与学生建立一种平等的师生关系。

还有同学觉得许多学科只是对考试内容的重复，难免让人有厌倦之感。而语文课上有许多新鲜知识，语文老师也有广博的见识，在课上可以获得各方面的知识，包括做人处世的道理。学生感到非常珍贵、难得，产生的兴趣很浓厚，自然感觉轻松。再说，汉语作为母语，同学们对它有深厚的感情，因为热爱所以轻松。

也有学生认为语文课听不听无所谓，考试的内容课上一般也讲不到，似乎不上课，也能参加语文考试。这是典型的“为应试而战”的功利思想。由此看来，这类同学对语文课的多重功能没有清楚的认识，对陶冶性情之类的语文素养所知甚少，反而对应试的目的比较明确，多少有些本末倒置。可见，“应试学习”意识根深蒂固，对学生发展并不是一件好事情。

其实，学习的过程就是成材的演练过程，也是学生克服困难、锻炼意志、培养毅力、发展自己的过程。训练内容有时是枯燥的，是单调的，只有坚持，只有忍耐，才能受到磨炼，才能在熟中生巧。尽管改革使语文学科不再让很多同学感觉枯燥乏味，但它不可能也不能比音体美等比较纯粹的艺术课轻松。

教育心语

我以为从一个人获取知识和能力的过程来看，学习绝不是轻松愉快的事情。正如许多同学所说的，语文课不是“无负担”的课。因为你的最终目的是从中获取知识，增长智慧，提高解决问题的水平，提高语文素养。如果想要学有所得或学有建树，不下一番苦功是达不到相应高度，也上不了相应层次的。

别让历史成绩变包袱

我常听到某些同学抱怨：过去我的语文成绩一直很好，语文考试成绩从没低过120分，而且从来没掉出过班上前三名。但近一个学期来，情况急转直下，还常有在及格线边缘徘徊的现象。这是为什么呢？

我之前教过一个学生，从高一入学到高三上学期，语文成绩一直很好，一直排在年级前列。然而，她高考时的语文成绩只达到班级的平均分数。这又是为什么呢？

因为“历史”！因为历史上一直很好，便以为会一直好，于是麻痹大意，放松自我管理要求。但现实是残酷的，常常是不照顾“历史”的。某一天，你停止或放慢了脚步，你就会落后！

然而，历史就是历史，不能证明现在，更不能证明将来。我们中国还有句古话叫“好汉不提当年勇”。

也有一部分学生，从小学开始语文成绩就不好，于是“破罐子破摔”，觉得自己不论怎样努力都学不好语文，所以干脆选择自暴自弃。

其实，一次或几次考试并不是简单谁好谁差的评判，而是帮助学生发现自己在学习上存在的问题。人生免不了面对诸多的考试，也免不了面对诸多的挫折与失败，因此学生要学会及时调节自己的情绪，走出挫折的阴影，不能自己绊倒自己。用“不烦恼、不害怕、不骄傲”的平常心来对待成绩和名次，克服急于求成的思想倾向，重视基础，重视课本，做好基础题，练好基本功。我们要能独立完成老师布置的作业，能在课后对所学知识进行整理小结，更要能进行延伸性学习，就某一点自己感兴趣的、有疑问的或有争议的，在课下查找资料，自我拓展，从而达到扩充知识、提升能力的目的。

考试中要十分重视“瓦伦达”心态。瓦伦达是杂技演员，以高空走钢丝闻名全国，演出上千场，从没有失败。在一次重要演出中，他从高空掉下来了，事后他的妻子说，我早知道，这次他会掉下来。因为在演出前他一直在唠叨：“这次演出太重要了，我只能成功，不能失败。”他带着这种心理去演出就和以前不一样，以前演出时他的心里只有钢丝，没有别的。这次他太重视演出了，所以出事了。

千里之行，始于足下。没有过程的到位，就没有结果的到位。培养自己每一天任务都合理、行动都到位的习惯，就是培养自己成功的习惯。我们应该相信：只要自己努力了，就有理由在下次考试中考出属于自己理想的成绩。这也就意味着我们马上就会有更大的进步，同样可以成就最好的自己。

考试成绩的优劣受很多因素的影响，有主观的，也有客观的，有偶然的，也有必然的。考试成绩总体上能反映学生的学习情况，但并不能全权代表学生的学习，我时常提醒学生在成绩变化时多寻找自身的原因，进步是否属于偶然，应该在进步的基础上更加进步，防止出现骄傲情绪，骄傲必然导致退步；退步是否属于必然，是学习方法、学习习惯不科学，还是解题方法的不灵活，还是考试心理的不稳定。找到原因，对症下药，奋发图强，争取下一次考好。

考试是把“双刃剑”，利用好了能够激励各类学生的进步；利用不好，容易导致学生讨厌考试，甚至产生更严重的后果。

所以，必须让学生认识考试的真正目的是发现学习中的问题。而很多学生考试之后并不重视从考试中发现的问题：哪个题目错了，为什么错了，是粗心大意，还是知识点不明确，是答题不规范，还是彻底不会……对于不会的题目必须追本溯源，寻找自身深层次的原因，直到弄清楚为止。

如果能彻底掌握考试中出现的所有问题，满分的学生和 60 分的学生之间就不再有差距。因此，考试的关键是让学生彻底搞明白自己犯错误的原因。

过去的荣誉和耻辱只能代表过去，真正能代表一个人一生的是他现在和将来的所作所为。从现在开始，面向未来，努力做自己一生中最想做的事情，每个人都将成为了不起的人。让我们从零的状态，从现在开始出发。

心理学上有个结论：人在成绩面前会高估自己的作用，在失败面前会高估环境的作用。这个毛病大多数人都有。只有两种人除外，一种是圣人，他们是有成绩看窗外，有挫折看镜子；另一种人是抑郁症患者，有实验证明患有抑郁症的人能够相对客观地评估自己的价值，而大部分正常人反而做不到。这说明什么呢？说明高估自己，是人类生存的必要条件。

我们从小接受的教育是要时刻谦虚谨慎，这其实是不符合人性的。正确的做法是什么？是做事之前要充分高估自己，这叫有信心；做事之后再反省、总结。这才是谦虚谨慎的正确姿势！

教育心语

我们首先需要端正一个认识，即语文成绩的提高有赖于语文素养的增强，是一个循序渐进、潜移默化的过程。语文学习内容的丰富性和学习时间的长久性决定它不能一蹴而就，所以不能急功近利，只为应试求成绩，而应夯实语文基础，将其作为一项立身处世的本领努力学习下去。

作文教学的基点定位在哪里

2003年4月，教育部制定的普通高中语文课程标准中明确指出："写作是运用语言文字进行书面表达和交流的重要方式，是认识世界、认识自我，进行创造性表述的过程。写作教学应着重培养学生的观察能力、想象能力和表达能力，重视发展学生的思维能力，发展创造性思维。"

可长期以来，由于对写作教育的认识不够充分，导致作文教学的基点偏了：有的教师将中学作文写作等同于文学创作，将作文教学简单地等同于文本教学。作文教学被简化为教学生如何审题、如何构思、如何结构，教学生掌握记叙文、议论文、说明文、材料作文、话题作文的写法等（在这里，我并非说这些在中学作文教学里不重要，而是讲作文教学的定位问题）。作文教学演绎成纯技法的训练，这样教出来的学生，即使他们懂得了写文章的基本要素（当然，这一点也值得怀疑），但写出来的文章也是千篇一律，缺乏生气、缺乏灵性、缺乏体现自我个性和创意。

还有的教师受功利性影响，将作文教学的目的定位于应付高考，考什么就教什么。考材料作文，就训练学生写材料作文；考话题作文，就训练学生写话题作文，一切围着高考这根"指挥棒"转。居然还有人编写高考作文大全，什么"入格"训练，"速构"

方法，使得中学生作文说假话、无新意、多克隆。学生好像被一个遥控器控制着，进行思维和表达的复述，多年如一日，几个人物、几个经典事例成了学生作文的“保留节目”、制胜的法宝。这样的作文教学定位，怎么能培养学生写出好文章?

那么，中学作文该如何定位? 新课标告诉我们：中学作文是运用书面语言表达自己的思想感情，应当确立“以人为本”的思想，它的基本要求是怎么想就怎么写，怎么说就怎么写，以我手写我口，只要能用文字把自己的所见、所闻、所感、所思如实地表达出来就可以了。这是一项重要的语文基本功，也是学生将来走向社会，从事各项工作所必需的一种基本技能。

作文教学一定要考虑中学生的身心发展状况，把中学生的年龄、思维、知识、语言和表达能力当作作文教学的出发点和参照系。写作，作为语文素质的重要内容，应研究学习对象的特点，应确立以人为本的作文教学指导思想。

我们总说“文如其人”“要作文先做人”，可见人是本，是根。任何一篇文章的诞生都要经过“双重转化”，中学生作文也不例外。首先是现实生活、客观事物向认识“主体”的转化，然后是作者的观点、感情向文字表现的转化，将头脑中的意识、情感转化为书面语言。无论是第一个转化，还是第二个转化，其中心毫无疑问是写作“主体”，因此写作就应该把“主体”置于中心地位。所以说，作文的根本出发点是人，应该从人本出发，而不是从文本出发。这就抓住了事物的主要矛盾，符合文章写作的客观规律，才能更好地提高学生的写作能力。

所谓作文教学从人本出发，就是教师在作文教学中，既要重视作文写作主体的作用，激发学生写作文的兴趣，培养他们写作文的积极性，又要注意培养他们在观察、记忆、认识、思维、想象、意志、情感等各个方面的写作素质和能力。只有在学生具备了这些写作的基本素养后，再去训练他们作文的技法，作文教学才能走上广阔的大道。当然，写作素养的每一个方面，都涵盖着丰富的内容，以思维来说，就有经验思维、创新思维、抽象思维、形象思维、聚合思维、发散思维等。

作文教学从人本出发，还有另一个含义，就是中学作文教学的目标、要求、方法、写作实践都要结合中学生的年龄、生活、思维、心理、能力的实际，使他们面对作文写作感到有话可说、有情可抒。

如何努力让学生成为作文的主人？我觉得通常的做法可以坚持几重几轻：即重自由作文，轻统一作文；重课外作文，轻课内作文；重讲评，轻批改；重多向对话，轻统一标准。这样做，不仅可以培养学生的写作个性，而且对学生写作兴趣的养成也有好处。

在指导学生写作的过程中，“写什么”和“如何写”应该是统一的，这一点毋庸置疑。但“写什么”和“如何写”如何统一，答案就大不一样了。有些人认为写作教学解决的似乎是“如何写”的问题，但实际考察的是学生的写作实践，实质问题是“写什么”。这就是说，“写什么”是“如何写”的灵魂核心、前提基础，“如何写”的每一进程无不是“写什么”的具体体现，从“写什么”的角度去解决“如何写”，才是抓住了要害。离开了内容和思想的充实与合理，单纯的形式和方法的灌输很难从根本上提高学生的写作能力。由此看来，“写什么”比“如何写”更重要。内容的苍白是中学生作文的通病，优秀的作文大多以内容的充实为基点，我们不妨读一篇北京市的高考满分作文。

转 折

那黑白相间的圆东西和绿草茵茵的方形足球场让已经关灯许久的我无法入睡，面对生命中第一个转折点，未成年的我是选择足球，还是读普通高中？

从10岁起第一次被领到球场接受训练到现在，我对足球的热爱使我在这个世界中迅速成长，甚至可以不到年龄、不参加测试就直接被招进少年队。而这一次，当真的要我放弃一样的时候，我感觉有些迷失了方向。"出国培训5年，回来后一定进一线队！"这是那位职业队教练对我的承诺。班主任没有劝阻，但那眼神中分明有一丝惋惜。谁不知道这是万里挑一呢！身边比我走得早的几个队友告诉我要三思，因为进不了一线队，他们已经成了只有初中毕业证书的社会青年。曾经在足球上对自己有充足自信的我，在这转折的路口却一下子懦弱了。"人生会从此改变的！"我不停地用这句话提醒着自己。父母用无声的方式暗示着我，希望我完成学业。我睁着眼，望着黑暗中各种奖杯的轮廓，看不见那上面的名字，只有黑色的线条在告诉我——那是我曾经的辉煌！辉煌之后是转折么？是吗？是吗？为什么如此短暂呢？为什么？……

奖杯下面是书架，月光只是施舍给书架一点点，但书的棱角依稀可见，我自问："你厌恶书本吗？"但马上又否定了这个问题。正相反，我还有些喜欢读书。懂事起向父母要的第一个生日礼物就是一套少年文学读物，一本80页，一套6本，我只用了一个星期的时间就解决掉了，快得连生日那天吃的蛋糕还留一块呢！我并不像大多数踢球的孩子那样只顾球，我的学习成绩并没有因为踢球而下滑。也许，这就是班主任眼中那一丝惋惜的原因吧！教练说在我们这个年龄，学习和踢球能并驾齐驱才算一个好球员，我做到了。教练，我做到了！但为什么你骗我，从此不给我把两样都做好的机会呢？教练，我想一直做个好球员不行吗？教练……在黑暗中，我这样在心中一遍遍呼喊着，一个孩子，又能怎么样呢？想起父母总会在耳边说起某某职业队从某大学挑走一名球员，某大学的足球队员被……但他们不明白，上学，尤其是上高中，就意味着三年不接触球，因为紧张的学习是不允许分心的！而足球偏偏是一项不能间断的运动，“三天不碰，还显脚生呢”！何况三年呢！犹豫……彷徨……忐忑不安……

16岁那年，在那个彻夜未眠的夜晚过后，我做出人生的第一次的选择，人生也因此而转折。因为在那一晚，我用一只球鞋狠狠地把书架上的那些奖杯砸在了地上，扔出球鞋的瞬间，眼睛是热的，心却是凉的……

人的一生中会有多次的转折，这一篇高考作文写出了一个酷爱足球的少年在踢球与上学中的艰难选择，以及选择后将带来的人生转折，文章有自己独特的感受，有细腻的心理，内容的真实深深地感染了阅卷老师。是的，文贵真情，在作文的内容和形式两者之间内容是主要的。衡量一篇文章的第一个标准是内容，而后才是形式。

那么，怎样丰富中学生的写作内容，解决学生写作无米之炊的问题呢？解决的途径有两个：一是把作文回归到生活的起点，提高学生对生活的感受能力，让学生回到生活中去，在广阔的社会生活中，去审视，去分析，形成自己的社会思考力；二是帮助学生建立一个写作的信息资源库。

2001 年高考，南京十三中姜昕捷一篇古白话《赤兔之死》令阅卷老师拍案叫绝。写出这样高水平文章的秘诀是什么呢？在接受记者采访时，他坦率地说："最重要的是平时的积累，要博览群书，尤其是中外名著，光靠读几篇文章远远不够。"他喜欢读古典名著，对《三国演义》情有独钟，许多章节都能够熟读成诵，难怪考场上能够信手拈来，洋洋洒洒。

厚积才能薄发，孩子们，认真去读有字的、无字的书吧！

教育心语

孩子在学校里，大部分时间在上课，很少遇到特别的事情。写起作文来，难免就成了记流水账。要想让学生的作文写得有质量，就得让学生多接触新鲜事，既让孩子吃好家常便饭，也为孩子的日常大餐添些"山珍海味"。

孩子有了写作的兴趣，也有意识地积累了生活，自然有东西梳理，自然能在比较中理出最好的"头绪"，写出好的作文，实现表达能力的自然提升。

高考作文教学症结在哪里

纵观往年高考的作文题目，无论全国卷的根据《韩非子》中的一则寓言，就“感情亲疏和对事物的认知”这个话题写一篇文章，还是北京卷的“转折”、上海卷的“杂”，应当说作文题目的开放度更大，给了考生一个主动思维的机会，一个展示自己思想的空间。全国数百万考生，本应写出千姿百态的美文。但阅卷归来，多少中学语文教师慨叹中学生的作文灵气到哪儿去了？是的，我们应当追问：中学作文教学的症结在哪里？作文，你写出了真情故事吗？

奥地利诗人莱内·马利亚·里克尔在《给一个青年诗人的十封信》中说：“请你走向内心，探索那叫你写作的缘由，考察它的根是不是盘在你心的深处，你要坦白承认，万一你写不出来，是不是必得因此而死去。这是最重要的，在你夜深最寂静的时刻问问自己，我必须写吗？你要在自身内心挖掘一个深的答复。”

是的，我们的作文教学解决了“写什么”的问题之后，更重要的还要解决“为什么要写”的问题，要想方设法调动学生的写作兴趣，写出真情故事，这样的作文教学才有活力。因此，我在作文教学中，从不做“黄世仁”去逼学生皱着眉头、咬着笔头在那里“交租”，而是启发学生写出真情实感。在写作教学的过程中，我幸福着学生的幸福，忧伤着孩子的忧伤。我多少次被孩子的真情感动，《因为有了我》就是这样的好文章。

叶子纷纷飘落，不知不觉已经走过秋天。今天早上，下了一场雪，让我想起寒冷的东北大地和那片土地上居住的我的外公。

很多年以前，因为有了我——家里的第一个第三代，外公笑了。听妈妈说，外公那时还不老，笑起来很精神的。可是后来，妈妈去上学了，于是外公带着我，养着我，这一带，就是13年。

这13年里，因为有了我，外公老了，老得很快。因为我小时候太闹了，外公曾经跑遍了整个小城只为了给我买一个摇篮；我长大以后不听话，经常偷偷跟在外公后面跑到菜地里去，很多次都要外公把我送回来……外公冲我发脾气，也逗我玩儿，但更多的时候，他还是看着我笑。现在回想起来，那已经是一种慈祥的、老人的笑，只是我太小，领会不出岁月的精灵已经把光阴流逝和苍老不知不觉中藏到了外公的笑里。

我长大了。因为有了外公，我有了童年；而因为有了我，外公彻底变成了一个老人。长大了，我该孝顺外公了，我该让他的13年有所回报，可我却走了，离开了故乡，来到两千公里外的北京，留下外公一个人，在晚景中守着回忆，等待，思念。

外公想我的时候，也会到北京来，但是他住不惯，他还留恋着黑土地。我记得中考前的那个月，外公来了，带来很多家乡的栗子。每天晚上外公站在阳台，一边剥栗子，一边望着等我回来，外公为我而苍老的手，还在为我劳作。如今，想到这一幕，我还是潸然泪下。因为我想起我那时发誓，等我考上高中，我要给外公剥栗子，我要给外公洗脚、穿衣服，我还要补偿外公 13 年一步步苍老的光阴……

可是我没有，考上了高中，还要考实验班，我苦学一个月，忘了外公，考上了实验班，却要遗憾一辈子。那个暑假，外公的脑梗死已经让他日渐呆滞了。外公老了，彻底地老了，老到不会接电话，不会洗澡，甚至不会吃饭。如今，我就是剥了全天下的栗子又怎样？我的外公甚至不知道那是栗子！

因为外公，我有了童年，我有了智慧；而因为我，外公老了，在辛苦中老了，在回忆中老了，在思念中老了，在等待中老了——这一切，都是因为有了我！我想，人生，也都满负着欣喜与悔恨。我们可以在任何人、任何事之后叹“失去才知可贵”，但在老人这个问题上不行。因为他们不能等，他们经不起失去，等你知可贵时，一切都晚了。这就是我的愚蠢的教训。

当前一辈耗尽了心血和光阴把后一辈送上征途时，他们只能在背后张望着后一辈的背影，而后一辈却鲜有回首地一步步走下去。人类也许就是这样一辈一辈积淀下来，积淀下去的。而我愿回首，看看我的外公，那送我上路的人，张望的目光。

因为有了我，外公笑过，哭过，快乐过，等待过。在这过程中，我长大了，外公老了。今年我要考大学了，妈妈说今年春节咱不回家吧，我说不，我不能再让自己遗憾一次。我要回去，我希望因我苍老的外公，能因为有了我，在晚年里，再笑一次。

多好的文章，读着读着，我真的明白了，学生是能写出好文章的，关键是我们的作文教学如何去做。让学生做作文的主人，尊重他们，唤起真情，我们才能享受写作教学的快乐！

审视北京市这几年的高考作文题，从《我有一双隐形的翅膀》到《仰望星空与脚踏实地》，无不在告诫我们，要警惕理想缺失的现象。

现在，一些中学生缺乏理想、缺乏人生目标的现象开始增多。《中国德育》杂志，曾经就人生目标向很多学生调查"你的理想是什么"这样的问题，不少学生的回答是"不知道""不清楚"，不少学生对于自己的人生理想并没有一个明确的目标，还有的学生干脆回答："赚大钱，想干什么就干什么。""我的理想就是考上名牌大学……"

中学如此，大学生又怎样呢？某大学中文系的一名教师曾与新生就"未来的人生理想"进行课堂探讨，询问这些大学生的人生理想。在以往的此类对话中，教师们往往会得到诸如"成为合格的语文教师""做社会的栋梁"之类的"大众化"答案。但没想到，这次学生们的回答出乎老师的意料。有的学生的理想是"住在一所宽大的房子里，在午后的阳光中坐在阳台上喝下午茶"；还有的学生的理想是"能够住上大房子，并且养一条大狗"；更有学生直接说"想嫁一个有钱又帅气的好老公"。"连一个说'想环游世界'的学生都没有！"该教师提及此事时仍然十分不解。"本应该是最富理想化的中文系学生居然也这么没有抱负和理想追求，现在的孩子都怎么了？怎么连什么是人生理想都不明白了？只有物质需求而没有精神追求？"

理想和信念是人生的精神支柱，健康充实的精神生活是不可或缺的，如果一个人的精神生活没有理想的支持，就会空虚崩溃。

人一旦失去了理想、信念，贪欲就会无限膨胀，甚至达到疯狂和不计后果的地步。无数事实告诉我们，信念意志变了，没有了支撑人生的支柱，人就会变成连自己都认不清的怪物。

远大的理想、崇高的信念能点燃人生的激情，激发人们的才智，激励人们奋发向上。古今中外，凡是为人类进步事业做出杰出贡献的人，无不具有远大的理想、崇高的信念。青年时期，是播种理想、确立信念的黄金时期，是规划未来、设计人生的关键阶段。

确立怎样的理想和信念，直接关系到人生的意义与价值。在学生即将跨进高校大门的时候，思考这样的一个问题，有助于他们的成长。因此，我为这几年北京市高考的作文题叫好！

教育心语

其实，生活中的短信、微信都是写作，都是对象明确的“目中有人”的写作。对于朋友发给你的微信，你可以评论，不要只看不作声，想一想，说一说，写一写，发一发。从生活平淡的细节中捕捉永恒的瞬间，然后也许会步入文学的殿堂。“能做好文章，就是文曲星。”

对话，阅读教学的新思考

学习是一种分享，阅读是一种对话。因此，语文教学从本质上来说是一种对话，即学生以言语形式为舞台，通过与文本的对话或与自己的对话（说写有时是心灵的读白，有时是向特定对象的诉说，但本质上都是以自我的言语形式展开作为对话的途径），实现语感图式的同化效应，从而提升语感品质，从根本上提高对话能力的活动。

因此，真正的阅读是读者与文本作者的心灵对话，读书学习的过程是一个“物我回响交流”的过程。它可以打破时间与空间的界限，与千年之远、万仞之遥的“友人”进行交流，而且可以自由的选择，只同与自己想谈和愿意谈的友人交往。这是精神的自由交流，是思想火花的碰撞，在对话交流碰撞中体验一种生成的快乐，这是阅读教学新的理念、课程改革的新要求。

这种对话式的阅读教学，对教师的教学能力也提出了新的要求。

第一，教师要准确理解语文学科的性质，正确处理好工具性与人文性的关系。工具性与人文性是语文学科的两大特性，它们统一于语文学科之中，二者不可偏废，否则便不能成为真正的语文课。因为其工具性，必然“要加强写字能力、阅读能力、写作能力、口语交际能力的训练与培养”，必然要为学生的继续学习、终生学习打下方法、能力的基础；因为其人文性，必然要从整体上把握文章的思想精髓，加强学生的思想熏陶、精神陶冶，培养学生爱国主义、国际主义精神，培养学生的环境意识、合作意识，以适应未来社会需要。

没有了工具性，也就失去了学习语文知识与能力的基础，人文性便无从谈起。没有了人文性，必然把一篇篇文质兼美的课文肢解为孤立的字词句篇，进行枯燥的机械式训练，就无法进行高尚情操的熏陶与感染，也就失去了语文的韵味。因此，对话式的语文教学必须遵循语文教学的一般规律，同时强调根据课文特点真正把学生的听说读写训练落实到位，让学生在学习语言文字特点与规律的同时与文本作者对话，感受文章作为一种文化载体所孕育的精神、思想、情感及以外的东西，学生才能真正领略语文的奥妙和学习的乐趣。

第二，课堂必须坚持教学民主精神，突出学生的主体地位。作为交流沟通的对话，必须建立在双方真诚、平等、发自内在需要的基础上，必然要在共同认同的话题上展开一个相互敞开与相互接纳的过程，必然要达到一种共同期待着的视觉融合、意义共享或利益双赢的境界。

因此，要达到这种境界，教师必须谦卑，确实从文本中获得感动，从而激起传递给学生的分享欲；教师必须敏感，和学生站在平等的地位上，感动着学生的感动，幸福着他人的幸福，忧伤着作者的忧伤，从而让学生也感动着你的感动，幸福着你的幸福，忧伤着你的忧伤；教师尤须诚恳坦率，乐于分享自己的有知有感，又敢于承认自己的无知无感；亦须灵活睿智，大家争辩时会调停，冷场时会引领；教师须会牵线搭桥，善于把文本和当今社会生活及学生的知识结构、阅历经验联系起来。

而这一切对教师来说需要深厚的语文素养，我们不妨来看下面的这一教学实例，从中体会。

一位教师教学陶渊明的《归去来兮辞》，"单元说明"中说：这是一篇内容浅显的文言自读课文，教师略做点拨即可。因此，教师介绍了有关魏晋政治背景和陶渊明个人文学成就的概况，安排学生结合课文的注释自学，然后集体讨论。不料，上课中，有学生忽然插问："老师，做官有什么不好？只要做个好官就行了。您为什么说陶渊明辞官不干了，就情操高尚了？"

教室里一下嘈杂起来：

"是啊，当官有什么不好？要是所有的好人都自命清高，不去做官，那不是放着官场让贪官占领吗？"

"因为不善周旋，怕去见上司，就用'不为五斗米折腰'来开脱自己，这种人心理素质太脆弱，也不配做领导。"

……

教室里一片笑声！多好的对话情景。教师说："辞官确实不一定就是高尚的事，比如引咎辞职、被迫离职。问题在于当物质的权力和精神形成非此即彼的尖锐冲突时，这里是不是存在一个选择什么的问题？为精神的自由而拒绝物质的诱惑，即使谈不上高尚，但对一个把自由和隐逸看得重于生命的士大夫而言，至少算得上是洁身守志吧！"教室里一片思考的沉寂。

"老师，没那么严重吧。儒家不是常说'穷则独善其身，达则兼济天下'吗？陶渊明官虽小，不足以改变当时社会的大环境，但他完全可以以自己的清廉和勤政，营造出局部地区的好气候。”

“是啊，做官和热爱自然并不一定矛盾啊。中国古代不少人就是边仕边隐、亦官亦隐的，如王维、白居易，又如欧阳修、苏东坡，他们一面做官，一面寄情山水，好像也两不误。”

……

讨论如此热烈，不知不觉，下课的铃声响了，同学们仍然兴趣盎然。

透过以上案例，我们懂得现在的学生的确与过去不同了，对于前人的文，他们有自己的读法，对于一些问题，他们有自己的看法。这就是学生的思想。为人师者要持有积极而平和的心态去面对它、珍视它。这样，课堂上才会出现有思想的声音！这也是对话教学的实质意义。

对话的语文教学，最重要的是教师要有热爱之心。语文教师应该明白，没有对生活一颗炽热的心就不会有“朝辞白帝彩云间，千里江陵一日还”的热烈浪漫；没有对家乡父老、妻子儿女的关爱，怎会有“却看妻子愁何在，漫卷诗书喜悦狂”的热泪盈眶；没有对祖国山水人文风物的痴迷神往，怎会有“江南好，风景旧曾谙，日出江花红胜火，春来江水绿如蓝，能不忆江南”的拳拳诗情，怎会有“采菊东篱下，悠然见南山”的怡情陶醉……这是语文教师的教育品质，它包括使命感和角色意识、人文精神和生命意识，还有激情和想象力。

对话的语文教学，还要求教师有较高的语文素养，即认知结构中语言的敏感度和表现力，情感结构中的对母语的情感和终身学习母语的态度。作为语文教师，不仅要读教育名著，更要读文学名著，要把读书当作必修课来做，通过读书来提高自己的人文素养和语言素养。

阅读教学是一种对话、一种讨论，这是对传统的语文教学理论的超越，是新课程标准的显著特征之一。"教学应在师生平等对话的过程中进行"是新课标对教师的要求，我们应当创设生动的对话环境、愉悦的对话氛围，在对话中让学生生成健康的人格！

教育心语

新课程标准也曾明确指出："鼓励学生自由地表达、有个性地表达、有创意地表达……鼓励学生积极参与生活，体验人生，激发写作欲望。引导学生表达真情实感，不说假话、空话、套话，避免为文造情。"

想要孩子表达真情实感，不说假话、空话、套话，不为文造情，就让他一直有想法，且把想法记下来吧！

教 育 的 智 慧

Chapter 9

学习不止：做有思想的人，教有灵魂的课

智育，为生命描绘美好

课堂教学不仅要授予知识，更要启迪智慧。虽然“知”育是“智”育的基础，“智”育离不开“知”育，但是“知”育并非“智”育，因而仅仅关注“知”育而不关注“智”育的课堂教学是不完整的。

苏霍姆林斯基说：“在学校里所获得的知识分量和智力发展程度之间，是不能画等号的，虽然后者也有赖于知识的分量。”一些老师往往分不清二者的区别，以知识灌输代替智能开发和智慧培养。于是，在教学活动中对知识的狂热追逐，淡化甚至吞没了对智慧的渴求，教育源头流淌的并不是鲜活的智慧，汩汩而出的只是被反复咀嚼过的知识。

一位教育专家说起一件小事，值得每一位老师仔细体味及反思。

课上，老师提出“洋花萝卜长在何处”的问题，小朋友们尽管不太了解，但还是高高举起一只只小手，各自展开了自由的想象。可答来答去总击中不了老师认为的“要害”，孩子们的“奇思”“幻想”在几度遭到老师的轻轻责问之后，没有一个孩子肯站起来回答了。最后，这位老师只好无可奈何地公布了自己“唯一”“正确”的答案。

平心而论，这位老师所传授的知识是正确的，课堂组织中也有提问有解答，从“授业解惑”角度审视，似无苛究之处。然而，这看似正常的一课，却折射出课堂教学中诸多不足。

一方面，教师习惯于“面向过去，面向书本，面向考试”。过于重视成绩，而忘却了对现实与未来的关注，对自然与社会的探索；过于强调学习目标的达成，而忽视了对学生智慧的开启；过于注重对已有知识和结果的“告诉”，而忽略了让学生主动参与知识的建构。

由此，教学的重心也总放在“是什么”一类的知识性问题上，至于“为什么”和“怎么样”一类能激活思维的问题则常被置于一旁，教学的全部指向仅停留在“记住、背熟、考对”的层面上。

另一方面，教师习惯于将“标准答案”直接“摊牌”。习惯于给出“标准答案”，却不善于引领学生进行思索和探究；习惯于接受答案的“唯一”，却难以接受选择的“多元”；习惯于欣赏自我的“正确”，却不擅长发现孩子们“错误”外壳所包裹着的合理内核。于是，摇曳多姿的思维之花就在不经意中被一一掐掉了。

由于教师自身缺少智慧的火花，所以不仅不能点燃学生的智慧，说不准还会以冷水浇灭。在这样的课堂里，知识之藤可能也会延伸、长粗，却永远结不了智慧之果。成尚荣先生说：“要给孩子充分想象的自由，让他们的思维任意遨游，在属于自己的世界里尽情勾画涂抹。不要让孩子们富于幻想和充满好奇心的天性在学习中消磨殆尽。”

一项调查表明，对于一般的学生而言，随着年级的升高，他的创造力会逐渐减弱。这大概是我们的课堂教学留给学生想象的余地越来越少的缘故。

据报载，一位教育专家拿一个圆来做了个关于想象的实验，高中生竟在小学生面前“折戟沉沙”。并非他们的知识面不宽，乃是他们不敢张开或是无法张开想象的翅膀。日子久了，他们的本领慢慢也就只剩记住和再现知识而已，但这并非智慧。

如果我们的课堂教学折断了孩子“想象的翅膀”，仅满足于“零售”书本上固有的知识，那么他们的视野将不会超越庄子笔下的“学鸠”与“蟪蛄”。只有让每一位学生“想象的翅膀”扇动起来，中华民族才能背负青天，遨游于九天之上。

教育是一门智慧之学，智慧也是对所有人生经验与理性思考的整合。智慧不等于知识，一个人知识再多，即使学富五车，如果缺乏智慧，仍然可能是弱智。我一直认为：教育其实很简单，但做教育的人，工作不能简单化；教育是很美丽的，做教育的人自己心灵要更美丽。明白了这两点，教育才有希望。

我之所以认为教育很简单，在我看来，教育无非就是要做两件事：一是告诉孩子该做什么，二是告诉孩子不该做什么。西方教育侧重前者，中方教育侧重后者。如果我们中西汇通，熔铸中外教育精华，就能创造既有中国特色的又与世界接轨的现代教育。

科学家做过这样的研究：他们教五只猕猴做动作，其中三只学会了，另两只没学会。是不是这两只猕猴蠢一些呢？科学家换了一种方法来教这两只猕猴，它们也很快学会了。研究者用多种方法，对多只猕猴进行了反复试验，最后得出了结论：猕猴的聪明程度没有太大的差别，要教会它们做动作，关键是要找到相应的方法。

这一研究，对于教育者如何正确看待和教育学生有着重要意义。

在学校，我们习惯于把学生分为优等生和差生。而“差”也不单单是指文化成绩差的学生，而是在一个班级中，总有一些文化成绩或思想意识、行为习惯相对班级整体来说要差一些的学生。有“差”是必然的，因为在一个班级中有比较就会有高下之分。

不可否认，在我们的教师队伍中，有太多的教师对差生冷眼相待。很多学校里，都是按成绩的高低排座位，很多差生的座位都安排在后排或角落里；在授课的过程中，教师与差生几乎没有任何交流，而且不给差生回答问题的机会，甚至他们在讲课中走动时都会绕过差生，把自己所谓的“关爱”全都给了成绩好的学生。

然而，大家所熟知的丘吉尔，其实小时也是被公认的差生。

小学时代，丘吉尔成绩名列全校倒数第三，因为成绩实在太差，他在六年级时不得不选择留级。在小学转校后的一次考试中，丘吉尔不但数学不及格，拉丁文更是考了惊人的零分。

中学入学考试前，病急乱投医的丘吉尔，通过抓阄的方式，抓到了新西兰，于是便把有关新西兰的知识背得滚瓜烂熟。第二天考试，压轴大题竟然真的就是新西兰。丘吉尔这才跌跌撞撞考入了哈罗中学，以致后来一个大学老师嘲讽丘吉尔：“那孩子绝不可能是从哈罗中学的校门里出来的，他一定是从窗户里溜出来的。”

晚年丘吉尔写回忆录时这样描述当时的自己：“我在功课方面收益甚少，我天天计算着学期的终了，何时可以逃避这令人生厌的奴隶生活而回到家里去……”

这就是威斯顿·丘吉尔——二战时期一名伟大的政治家。他两次当选英国首相，晚年又无可争议地获得诺贝尔文学奖。这就是差生丘吉尔的人生履历，这也说明了差生是可以逆转的。

科学家研究，人出生时脑细胞的数量、质量差异不大，受遗传因素和后天外界刺激，脑细胞的链接速度和方式发生了变化，从而产生了人的不同智能优势和智力差异。

这一研究进一步说明，人的智能不是一个模式的，每一个人都可以获得成功。我们要全面地认识学生：教育没有差生，只有有差异的学生。教育工作者要坚信每一名学生都会成功，并用适合于学生发展的方式去促使每个学生成功。

教育心语

智慧不只是简单的知识累积，拥有了知识并不等于拥有了智慧。因为知识是静止的，智慧是流动的；知识是凝固的，智慧是变化的。只拥有知识的人看到一块石头就是一块石头，看到一粒沙子就是一粒沙子，而拥有智慧的人却能在一块石头里看到风景，在一粒沙子里发现灵魂。

所以，知识本位的教学不是真正意义上的课堂教学，真正的课堂教学绝不会抛却与“知”育平行的另一半——“智”育。

培养有思想有心灵的孩子

让学生成为精神文化的绅士，这是我的教育梦！

这梦想源于我在匈牙利工作期间的感受，那时我住的地方靠近布达佩斯的城市公园，每每工作之余，我和妻子喜欢去公园散步，因为那里有令我感动的画面：在宁静的公园里，在金色的夕阳下，满眼看到的是坐在公园石凳上专心读书的人。这些人中有咿呀学语的稚童，有血气方刚的青年，有温文儒雅的学者，还有耄耋之年的老人。这公园里、夕阳下、读书人的画面，就此定格在我的脑海里。

我想，作为一位教师，能把学生培养成为这样的读书人，成为精神文化的绅士，那该多好。后来我有机会和国家汉办的领导及中国出版界的同仁去德国法兰克福参加国际书展，推介中国出版物。在展会上，在旅行的火车上，我被德国人的读书热情深深感动了。

德国人热衷于读书和听音乐会，在欧洲是出名的。据说在二战期间，德国很多地方在炮火中还要偷偷坚持办读书会、小型音乐会。人们在物质贫乏的情况下，仍然坚持精神生活的享受。

所以，不论是在德国的电车、火车还是飞机上，你都会看到拿着一本书认认真真阅读的人，老人、小孩、学者、工人都喜欢读书。德国有 4000 多家书店，2000 多个出版社，一个普通的德国人，平均每月花在买书上的钱是 40 欧元，就是这些成就了德国优良的文化传统。

中华民族是一个伟大的民族，它有世界人类最辉煌的文明史。想要振兴中华民族，教育要承担的责任就是培养学生的读书习惯，让学生成为精神文化的绅士！

当然，要让学生成为精神文化的绅士，我想教师自己先要成为儒雅的绅士。因为教师的精神生活，决定了学校教育的一切文化行为。正所谓，有境界自成高格。唯有教师拥有高尚的精神境界，才能成就高格调的课堂教学。教师的文化素养，决定了学生的学习品质。对于学生而言，取法乎上才有可能力争上游，否则就只能庸庸碌碌，等而下之。教师的心灵力量，预示着学生的生命强度。

苏联著名的教育家乌申斯基称：教师是古今高尚的圣哲与新一代人之间的中介。无比永恒的、伟大的、强悍的精神力量、心灵力量、生命力量就从教师的手中传导给稚弱的生灵。是文化，是教育的文化成就了一代又一代能自立天地之间的大写的人！可我们现在，有一些教师不读书，只读题，那是很可怕的。久而久之，这些教师就会退化到和学生没有两样，唯一的区别就是教师读题有答案，学生读题没有答案而已。

学校是文化创生之地，是精神传承之所，是生命滋养之根。学校里有浓厚的读书气氛，是学校有生气的标志！学校的文化、学校的精神，不是写在墙上印在纸上的，它更多的是浸润于校园的空气之中，在师生口耳相传中的读书场景之中。就如同荀子所称的“入乎耳，著乎心，布乎四体，形乎动静”。因此，我们强调打造浓浓的校园文化精神，在校园文化节、电影节、科技节、运动会等活动中，师生们的生命不断被鼓励，不断被唤醒，不断被丰富，不断被提升……没有了这些，学校所谓的文化如沙上建塔，全无根基；没有了这些，学校就像是一座建筑的空壳，是一间空荡的教室，呈现出灵魂的迷失与精神的荒芜。

袁振国先生曾痛心疾首地说："现在有些学校很漂亮，有花园式的，有宫殿式的，有宾馆式的，但总觉得缺少什么东西。缺少什么东西呢？学校文化。学校文化看不见、摸不着，可是它有着巨大的凝聚力，有着巨大的推动力，有着巨大的生命力。"学校是个文化场所，它不是生产螺丝钉、生产半导体晶片的工厂。学校是人和人打交道的，是思想和思想交流、情感和情感沟通、生命和生命对话的场所。如果一所学校精神贫乏，也就失去了深沉与深刻的亲和力与荡涤心魂的力量。

在我看来，所谓的教育就是人与人之间的真、善、美气韵的相互濡染，相互传递，相互加温，使之在生命的内核中显影，并化为人生的热情与追求。《孟子·万章上》指出："使先知觉后知，使先觉觉后觉。"而这种觉，不是耳提面命与传经布道式的，它更多的是通过"不言之教，不教之教"达成的。在不知不觉间改善人心的，就是这些生活在校园之中的师生的文化和精神生活，他们无意间营造的校园"气候"，影响着后辈学子们的人格气度与生命气象。正如颜之推在《颜氏家训》中所描述的一样："与善人居，如入芝兰之室，久而自芳也。"一种无形的芳泽，给人的心灵带来馨香与温润。这也是我被匈牙利人和德国人感动的地方——连空气里都飘荡着浓浓的书香。

教育要具有世界眼光。学校不只是传承知识的地方，其本在精神成人，使学生成为精神文化的绅士。这应当成为每一个教育工作者的理想。

教育，需要高扬理想的大旗。我曾经在一篇文章里说：对教育而言，对学校而言，一切问题，由文化问题产生；一切问题，由文化问题解决。学校的核心问题，是学校文化的建设。我很欣赏一句话："别让你的技巧胜过你的道德。"我审视我们学校培养出来的大批优秀学生，在他们身上证明了一点：有道德的人更聪明！应试教育，虽然可以生产出一流的升学率，培养技术人才，却无从培养出真正的科学精神，无法造就创造未来的杰出英才。

因此，我以为教育需要高扬理想的大旗！

现在，我们都在追寻"钱学森之问"。有人说中国为什么培养不了世界大师级的人物，是因为我们没有世界一流的大学吗？中国是真的缺少一流大学，还是缺失大学精神？我以为是后者。

国外一位研究者对中国的大学教育作过研究，他说中国在 60 多年前就有世界一流的大学——西南联大。一位史学教授对中国西南联大进行了 10 年的研究后得出结论："西南联大是中国历史上最有意义的一所大学，也是世界大学史上最杰出的大学！在那种艰苦的条件下，它有最完好的教育形式，培养了最优秀的人才，西南联大是中国大学教育的典范！最值得人们研究。"其实，西南联大的成功并不难理解。永远追求真理，永远高擎理想主义，是其成功的魂魄，正如西南联大校歌所唱：

万里长征，辞却了五朝宫阙，暂驻足衡山湘水，又成离别。绝徼移栽桢干质，九州遍洒黎元血。尽笳吹弦诵在山城，情弥切。

千秋耻，终当雪。中兴业，须人杰。便一成三户，壮怀难折。多难殷忧新国运，动心忍性希前哲。待驱除仇寇复神京，还燕碣。

唯有怀抱着“千秋耻，终当雪”的爱国热忱，担负起“多难殷忧新国运，动心忍性希前哲”的历史使命，才能把自己的一颗心掏出来，化为闪亮的火炬，照亮那个时代的沉沉黑夜。

林语堂到西南联大演讲，热泪横流，感慨万千：“西南联大物质生活不得了，精神生活了不得！”

物质生活如何“不得了”？尽管联大教室房子是一代大师梁思成亲手设计，但是巧妇难为无米之炊，不仅房子狭小，更要命的是，电力供应严重不足。学生晚上会争抢位子，争抢灯源。图书馆只有200个位子，每晚却要容纳2000多个学生，压力可想而知。宿舍是土坯墙，茅草顶。每当外面风雨大作，里面就是小雨小作。上铺人防雨，下铺人排涝。雨后，宿舍里泥泞不堪，甚至长起了杂草，学生们的鞋子穿一个雨季就烂了。于是，他们诙谐地称鞋底磨穿了是“脚踏实地”，鞋尖和鞋跟破了叫“空前绝后”。西南联大的学生在很长一段时间里，每天只能吃两顿饭，上午10点和下午4点各吃一餐。因政府供给的是劣质米，米饭里沙石、老鼠屎、糠屑很多，被学生们戏称为“八宝饭”。

但就在这样的环境里，8年时间，联大共培养了两位诺贝尔奖得主，8位两弹一星功勋奖章获得者，3位国家最高科学技术奖获得者，2位党和国家领导人，97位中国科学院和中国工程院院士，成为真正的“大师之园”。

西南联大不愧是中国大学的楷模：中国大学精神的高标

就竖立在那里，一种使命感和责任感，一种伟大的乐观主义精神和理想主义激情，写就了西南联大的辉煌。

从西南联大的成功，我们懂得，教育绝对不是饭碗，不是差事，甚至也不是职业，而应该是一项伟大事业，需要肉体的投入、灵魂的参与，需要精神生命的支撑。

但这种理想，现在的教师还剩下多少呢？

一个教师有了这样的理想主义，就不会轻易被诱惑、被动摇，就能够远离功利、远离铜臭、远离庸俗，就能够获得无限持久的动力，就能够坚守自己的教育情怀，实现自己的教育理想。

教育心语

我们当教师的在习惯的轨道上奔跑惯了，心中最关注的是学生识了多少字，能默写多少字，能背多少首诗，能做多少道数学题，有怎样的速度，能画什么画，能弹出多少首曲子，等等。满眼是分数，满脑子是知识、技能，而恰恰忽略了人本身，忽略了以知识、技能为教育的第一要义是否压抑乃至剥夺了学生的天赋和潜在的智能。教师要做学生精神的导师！

创造的棱角不应被磨平

中国孩子的聪明举世公认，但某种程度上创造力的缺乏也是不争的事实。达琳女士来中国所见到的一幕也许能够说明一些问题。

达琳看到孩子们的画技非常高，于是就出了一个“快乐的节日”的主题让他们自由发挥。结果，很多孩子都在画圣诞树，而且画得一模一样。

原来，时近圣诞节，为了给达琳营造一个友好的气氛，学校特地在墙上挂了一幅圣诞树画。没想到，孩子们竟原原本本地照搬照抄。更令她吃惊和失望的是，当她把墙上的圣诞树覆盖起来，要求孩子们自己创作一幅画来表现“快乐的节日”这个主题时，这些画技超群的孩子虽冥思苦想，却无从下笔。

是我们的孩子缺少创造的基因吗？不，是孩子们的聪明被用错了地方，是课堂教学在不知不觉中锉平了他们创造的棱角。我们总是要求孩子将图形、实物经由眼睛和手原封不动地“复制”下来，于是画画的过程就变成了眼和手机械的“摄录”过程，成为一种纯粹的技巧技能。

没有心灵参与，无须自由发挥，创造潜能就这样被掩埋了，此其一也。

而且，教师向来都是根据“复制”得规范不规范、标准不标准、逼真不逼真来评判打分的，任何的变化、改动、创新都会因一个“不像”而“翻船落水”，所以谁都得一笔一画去模仿，谁都不愿自找麻烦，此其二也。

一味地追逐形似，一味地强调打基础、磨笔力、练速度，孩子们的动作焉能不快？画技焉能不高？作品又焉能不临摹得惟妙惟肖？宝贵的时间耗费在反反复复的“克隆”上，哪里有工夫去思考去创造？此其三也。

而西方课堂更加推崇的是不设样板、不立模式，让学生自由构图、率性而为。因此，他们的学生敢把太阳画成绿色，敢在鞋底抹上油彩作画。其在内容上的独特创意，以及工具上的大胆革新，反而会受到加倍欣赏。

在西方的课堂上，每个闪烁创新精神的小小发现都会受到大大的褒扬和加分的鼓励。而我们的教育评价机制还没有对“创造”形成有效的保护，就更别说是激励了。如此，师生双方创造的积极性就难免受到挫伤。从这些小事中，就可以看出中西方的教育理念之间的差异。

如今，我们的课堂教学都已程度不同地感染上重“复制”、轻“创新”的通病。由于过分看重知识的精确、规范，过分地强调答案的统一、唯一，而忽视学习过程中的研究和探讨、怀疑和批判、求异和创新，学生也就渐渐地只是习惯于运用教师所讲的步骤、所教的方法，永无休止地在题山题海中反复模仿，再三操练，以期求得答案的正确一致，分数的满意可人。

如此一来，孩子们的应试水平着实提高了，创造能力却下降了。中国孩子的托福成绩之所以能够优异，国际奥赛之所以能够频频得奖，大概正“得益”于这种复制式的课堂教学。

我无意贬损中国基础教育全面、系统、稳步、扎实等诸多长处，孩子们的高超画技、托福高分、奥赛奖牌，已证明了我们的收获，但同时也显示着我们的缺失。在我的理想中，课堂不是复制的作坊，而应是创造的乐园。遗憾的是，我们却常常丢掉了原不能丢掉的两个字——创造。

因此，现代教育的课堂，不应让学生复制式地接受，服从某种外在的社会文化，而应让学生在批判、反思、解放、创新中生成。我呼吁：还孩子被传统课堂教育教学泯灭的好奇与探究的天性，让他们自由和自主地讨论、辩论，让他们自由自主地探究他们认为有趣的知识。

教师在其中充当的应是组织者、引导者、辅导者和向孩子提供咨询的服务者。

约翰·杜威认为，教师不应该站在学生的前面，而应该站在学生的后边；教师不是学生的向导，而是学生的助手。这就是说，教师应该改变自己在课堂教育教学中的传统角色，主动把自己的地位“降”下来，同时相应把学生在课堂教育教学中的地位“升”上去。

其实，在课堂中，教师也应该进行探究，与学生共同探讨某些问题，从而使自己也不断进步，使课堂更多变成师生共同进行探究知识的场所。

每一个细心的教师都会发现，一年级新生脸上的笑容总是特别的生动，也最令人心动。其实，孩子们灿烂的微笑源自他们敞亮的内心，因为他们都是带着奇异的梦想走进校园的，毕竟没有梦的人生是乏味的，没有梦的生活是平庸的。

但是，当他们完成学业走出校园时，我们却发现不知从什么时候开始，不少孩子脸上的笑容已没有了进校时的灿烂，而眼里则多了些黯淡。孩子脸上的笑容哪里去了？这难道不应该引起我们每位教师的深思吗？

我还听说过这样一件事。

有个外国的教育参观团来一所学校听课，这堂课是观察说话课。

老师拿了一只小乌龟让小朋友观察，小朋友们高兴极了，有个小朋友竟得意忘形地学起乌龟爬来。老师认为他太顽皮，就用眼睛瞪他，他竟没发觉。老师又瞅了他一眼，他还是没有发觉。老师气极了，准备课后狠狠训他一顿。

没想到外国的老师在评课时，竟表扬了这个“顽皮”的孩子，说他是这堂课学习最投入的一个。

对同一个学生，对同一行为，看法却截然相反。这不是很值得我们深思的吗？

每个学生都是活泼的生命体，他们会幻想、想象、憧憬美好的事物与未来；他们会蹦，会跳，会玩耍，会创造，花样翻新，异想天开；他们有主见，不盲从，勇负责，不苟同。凡此种种，构成了生机蓬勃、绚丽多彩的孩子的世界。他们想，他们说，他们做，他们好奇，他们探究，这是他们的权利，教师千万不能用成人的目光来挑剔、限制、阻止乃至打击并扼杀。须知，如果在无意中折断了一只翅膀，会影响孩子的一生。

教育心语

低年级的教师应关注孩子成长过程中的每一个瞬间，精心守护孩子弥足珍贵的童真，让每个孩子一进小学就能获得幸福感。只要孩子心中奇异的灵光不灭，他们脸上纯真的笑容就不会消失。

让每一朵花都能尽情绽放

丹麦哲学家哥尔科加德说：“野鸭或许能被人驯服，但是一旦被驯服，野鸭失去了它的野性，再也无法海阔天空地自由飞翔。”其实，人的思维也是这样，特别是对于一些孩子来说，那些充满“野性”的思维如果被老师不断“驯化”，日久天长，最终也同样难以在浩瀚无垠的天空自由翱翔。

一位老师让小学生说一说人的身体有哪些部位是对称的。小学生们七嘴八舌地说了很多，有一个男孩补充说：“人的屁股是对称的，妈妈的乳房是对称的。”老师大惊失色，不仅没有表扬这个孩子，还找来他的家长。

家长闻知孩子在课上“胡思乱想”“胡言乱语”，也是积极地配合老师做工作。这个孩子却总是领会不了老师为什么不满，家长又因何训斥，他不知道自己到底做错了什么。

是这个男孩不懂起码的“规矩”，“野化”得过分了，还是我们的老师“规矩”太多，“驯化”的意识太强了？推究起来，问题还是出在老师身上，是他们过早地丧失了童心，习惯于用政治的、道德的、正统的标准来审度孩子的思想，用权威的、统一的、规范的尺子去测量孩子的水平。如此一来，就有了许许多多的“不高尚”“不准确”，就要逐一加以“驯化”。

长此以往，孩子们就失去了思维的自主和表达的自由，就失去了一种安全感、成就感，就变得越来越不敢想、不愿想。仅就课堂发言来说，学生从小学时的争先恐后，到初中时的万马齐喑，再到高中时的噤若寒蝉，撇开学生身心发展等诸多因素，我们能否从教师太多的“规矩”和太强的“驯化”意识中找到一些原因呢?

“驯化”势必促使学生看老师的脸色行事，唯老师的马首是瞻，也势必会驱动学生去揣摩老师的心思，按其口味“投其所好”。因而以“驯化”为指向的课堂教学，难免成为学生对老师的一种单向的配合，一种例行公事的义务，成为一种师生之间有组织有计划的合作“表演”。在这样的课堂里，“活蹦乱跳”的思维早已被“五花大绑”，学生的脑袋再也由不得他们“放牧”个人的思想，而只能整个儿地交由别人去跑马。

多少年来，我们的课堂总是反反复复地强调规范统一、按部就班、循规蹈矩，这正是常见的“驯化模本”。其直接结果便是培养了一批亦步亦趋、人云亦云、唯命是从、安分守己、千人一面、缺少个性的“顺民”。

“野化”的思维，其根系总是自由延伸，任意生长的，一旦将其纳入花盆瓦罐，一旦对它横加删削修剪，则不免会蜷缩卷曲，指望其长出参天大树，那定然不太现实。思维经过“野化”，可能不一定遵守已有的规则，不一定囿于常人的见闻，也不一定拘泥于既成的事实，而会勇于批判传统，勇于否定固有，勇于挑战现实，勇于超越自我。它不时会衍生出一丝荒诞的念头、一种可笑的设想、一个怪异的点子，而在这荒诞、可笑、怪异中，却孕育着弥足珍贵的创新因子。

“野化”是对人天性的敬重，是对人个性的遵从，是对人自由精神的弘扬，是对人创造能力的解放。自由宽松则是“野化”的最好的环境和土壤。作为课堂教学，就要给这创新因子转变为创造能力提供契机和动力，明乎此理，就需要教师在课堂教学中，拥有平等的、宽容的、欣赏的、激励的态度，鼓励学生标新立异、独辟蹊径、异想天开；营造一种和谐的氛围，使得学生敢于怀疑，善于批判，乐于创新；创设一方让思维纵横驰骋的旷野，“龙腾云起，虎啸风生”，使每位学生都成为个性鲜明的独特的“一个”。

就当今的教育的现实来说，就在创新中的价值而言，“野化”的作用和意义无疑大于“驯化”。创新未必有什么捷径，如果有，那便是“野化”。

有一则材料说，中国一位女留学生应聘于国外一家庭里打工，这个人家的孩子有“吃（吮）手”的习惯。在我们看来，这是一个既不卫生又不雅观的坏毛病，因此这个留学生每每予以制止。一次，主人很偶然地看到了，便不高兴地对她说：孩子津津有味地吃手指，肯定觉得这是一种享受，你怎么如此忍心地破坏孩子的享受呢？

我举这个例子，想要说的是西方教育主张把人放在一个比较自然、宽松的环境中培养。可我们的教育有时候太缺少自然性，往往是压制多于放松，批评多于表扬，防范多于信任，苛求多于宽容。

西方教育中，教师相对来说比较重视引导学生发展个性，而在我们的学校里，“个性”一词几乎被用作贬义词，当教师讲某生

“个性较强”时，你可千万别以为他是单纯地在表扬学生；西方国家，教师往往扮演“助产士”的角色，从苏格拉底提出“产婆术”起就奠定了这种基调，而我们的教师却扮演着“从警察到父母的代理人”等一系列角色，教师的内涵似乎有些超重；西方教育中，教师不断地鼓励学生“你试试”，而我们的教育却动辄“小心点，别乱动”，以致班主任终日提心吊胆，以确保学生千万不能出事，当然校长就活得更不轻松了。

反映到教育理念上，就是教师要把学生管往，一个管不住学生的教师是校长、同事及至学生家长所鄙视的；反映到教学场所上，就是“教室”的称谓，明显地昭示着这是我教你学、我讲你听的地方，从中甚至可以嗅出教师的几分“霸气”（有些地方将教室称为课室，让人感受到教育的一些民主气息，虽然课室与教室只有一字之差，但此举可谓“一字之师”）；反映到课堂行为上，就是教师“集权主宰”，他们站在讲台上犹如阳光普照万物一般，按照成人社会的要求将学生的言行举止加以“格式化”处理。

总之，学生是“花”，是枝叶，任由“园丁”剪裁。在花展上，园丁是绝不会把一盆盆自然生长、未经自己修剪的花摆放出去的。否则，轻则遭人耻笑，重则被指斥为失职。可能有人会说，如此这般，那就不必要教育了，以维持其纯“自然”好了。我不是这个意思，园丁必要的修剪是必要的，但问题是现在的园丁修剪的功夫可实在了不得，经他一修剪，花和枝叶都失去了本真。

做任何事情都有一个“度”的问题，教育亦当如此，教育需要一种宽松的环境。这才是培养人才的生态环境！

教育心语

让教室充满笑声，能让每个学生的灵魂得以净化，让他们充满自信地、创造性地学习。创造宽松的环境，细心关爱每一名学生，让他们都能享受到老师的关爱，都能在老师爱的滋润下培养好习惯，茁壮成长。

学生的发展，要遵循天性，不能任意抹杀孩子的创造欲望和玩乐心态，要给予学生自由空间，要让学生自由发展。

做一个有格局的阳光之师

教师是受人尊敬的最神圣的职业。教师职业如此神圣，那我们该怎样做好呢？

第一，要有迎接挑战的心态。

今天的教师，面临着许多挑战：21 世纪是人与电脑争智力的世纪。已经过去的 20 世纪，我把它称为人与机器争体力的世纪。人创造了机器，也败给了机器，机器是人手臂的延长，20 世纪的下岗者，不是因为他自己的实力不够，是因为他的工作可以被机器取代。

21 世纪是人与电脑争智力的世纪，人创造了电脑，也在很多方面败给了电脑——电脑储存知识的能力、学习知识的能力都是人所达不到的。电脑是人脑的延伸，一部新电脑从流水线上下来，里面一片空白，可是我们给它一张光盘，它就掌握了大量资料，如果给它一根网线，它就能与互联网相连，这个世界上已有的知识，它都能掌握，而且记忆效果特别好。几十万册图书的图书馆，从中找一本书，如果用电脑去做，只要几秒钟，那是人所达不到的。

所以，要想知道 21 世纪我们到底要培养什么样的人，就必须要知道这个世界是什么样的。知识经济的时代，人们能够获取知识的途径太多了、太容易了！过去的教师学富五车、满腹经纶，被人们尊敬；可是今天，如果我们的老师还仍只是知识的储存器，那么就得不到尊敬。因为你存储的只能是旧知识，而新知识会变得越来越值钱。一张比尔·盖茨的光盘，物质成本仅一元钱，可在中国，它卖到过 9800 元。那里面有什么？有知识。是知识值钱吗？不是，比尔·盖茨的光盘里是创新的知识！可是新知识新在哪里？从软件的角度说，它不过是若干个“0”和“1”，这是旧的，而“0”和“1”的组合方式却是新的。

所以，今天我们培养的孩子必须是富有创造精神和创造能力的，教师如果仅仅从“知”这一块给孩子提供“存储”的容量，那么教师在信息时代也失去了他们的职业价值。因此，今天教师的本领恐慌比过去任何时候都要强，现实中教师的素质远不适应教育的需求！教师唯一的出路就是将自己的知识结构和素质结构进行重组，做好迎接现代教育挑战的准备。

第二，要有严谨的工作作风。

说到严谨的工作作风，我想起我校的一位毕业生在德国读大学期间，说给我听的一次考试试卷复查的事。

昨天是自控成绩公布和试卷复查的日子。“试卷复查”对于我来说是件新鲜事物，按照网上公布的计划，试卷复查时间为下午 2 点到 4 点。考虑到自控是工科的一个大课，本届大概有四五百人参加了考试，进行试卷复查的人必然不少，所以我特意提前了半小时到达。

在门口又等待了许久，终于轮到了我。放行进去之后，需要向另一位负责找考卷的同学出示身份证件和学生证，押下学生证后，那位同学给我考卷，并在考卷封面上和她自己的表格中填写此刻的时间，并向我说明，每人只有半个小时的复查时间。我赶紧找到一个空位坐下，发现每个人的桌前都有一本红色封面的答案册，里面详细写明了各个题目的答案、步骤、分数和评分标准。

打开自己的卷子，发现已经被各种红色的符号密密麻麻地写满了。更加令我惊讶的是，上面居然还有批卷人的“评语”。比如在考试时的最后一分钟之内我胡乱写的一道题目，两个小问题的旁边都留下了同样的一段话：“看来你好像不会做这道题。”让我感到固然十分可笑，但又不由得肃然起敬。如果发现有疑问的地方，经举手示意后负责该题目的批卷人就会凑过来详细询问。

一般典型对话是这样的：“这道题这个地方为什么扣我X分呢？”“哦，我看看……嗯，这道题是这样啊，问题是要你求……因此你需要……但是你……你这样的话就会……而不是……鉴于你答对了……答错了……因此我给你X分，扣你X分，可以吗？”“哦，好吧。”一番对话过后，申诉人十有八九会败下阵来，还对批卷人对该题的深刻理解敬佩得五体投地。

如果确实有问题（尽管可能性较小），批卷人会找来当堂坐镇的主考官，他听取同学和批卷人的陈词之后，再亲自审一遍，确认之后在试题、考卷封面及老师的成绩单（被老师自己称为official最终版）上逐一改正分数和换算分数档。复查结束后，彼此问问情况，大家就两个字：“服了。”

一场试卷复查，你不由得赞叹德国教师的严谨和认真。回想起来，我们从上小学开始，好像还没有见过一次考卷被人批改得这么认真，甚至感觉比我自己做题还来得认真。

“试卷复查”在保证了公正公开原则的同时，也迫使批卷人对考生负责，对自己的批改负责，同时提高了大家的学术水平和道德素质。不知是谁说过的一句话：德国人的聪明在于他们的“傻”。对照一下，有些时候我们中国人的傻可能恰恰在于我们的“聪明”。我想，德国的严谨也许就是从试卷复查这样的点滴小事中体现的。我们做教师应该有这样的工作作风，因为在行为习惯的养成上，教师常常是学生的榜样。

第三，有远大的职业情怀。

在同样的工作环境下，面对同样的教学任务，有的人能取得成就，有的人却一事无成。形成这样的差异，完全在于教师的个人素养和远大的职业情怀。

一个有胆识的教师必然是好学深思的，能够身体力行的。埋怨环境，我们可以找到一百个理由，但环境不会因为我们找了这些理由而发生百分之一的变化。可是，改变自己，只要今天去做，明天就会发现自己身上已经发生了翻天覆地的变化。所以，埋怨环境，不如改变自身！这个世界上有很多“牢骚满腹一事无成”的人，我们都不要做那样的人。改变自己不容易，而最常见的借口就是“太迟了”。

有一句话，在我的职业生涯中是永远记住的——世界上没有所谓太迟了的事情，如果你今天不去做，那才是真正的太迟了。这句话时时提醒着我。

今天我们做教师，不光要给孩子满分，还要让孩子满意，使孩子满足。在这个过程中，我们必然要有自己的理想。乐于奉献，敏于学习，勤于思考，勇于实践，善于总结，是人生进步的五个阶梯。对教师而言，同样适合，“乐于奉献”要放在第一位。

教师拿什么去赢得学生？我想，教师赢得学生就是四个“真”：真情实感，真抓实干，真才实学，真知灼见。教师有了这四个“真”，我想孩子一定喜欢你，孩子一定会服你，而不只是因为你有了教师权威才听你的。

第四，要有良好的阅读习惯。

教师是一个最容易使人厌倦的职业。曾有一位前辈对我说：今日的教师，犹如各个旅游景点的专职导游，每天接待、引领一批批游客，在自己设定的路线上走动，每到一处就背诵一大段别人为他写下的解说词，滔滔不绝，口若悬河，可是说来说去总是这么几句话，连自己都听厌了，最后把客人送出大门，算是尽了一天的责任。

把教师比成专职景点导游，多么贴切的比喻！在我们的现实生活中，有多少教师在扮演着专职景点导游的角色？“年年岁岁花相似，岁岁年年人不同。”教师的教案没有变，教师的教学理念没有变，就那么一年又一年的接待着不同的“游客”，一天又一天地重复着别人的故事。这是多么可怕的事。

克服老师的职业厌倦，有效的方法是多读书，因为读书是养心的智慧。种桃、种李、种春风，养花、养草、养心灵。读书可以培养我们平和的心态，读书可以丰厚我们的文化底蕴，所以要让读书成为我们的一种习惯，让教师在读书中生存。

法国作家福楼拜说：阅读是为了活着。其实，这句话反过来说也行：活着是为了阅读。作为教师，要多读书、读好书、不停地读书，这才是我们的本分，也是常识性的真理。苏霍姆林斯基曾这样表达他自己以及他的学校对读书的认识："教师必是读书爱好者……一种热爱书、尊重书、崇拜书的气氛，乃是学校和教育工作的实质所在。"如果一个教师只满足于自我经验，那么就算他的经验再丰富，也不能形成专业上升的自觉。而且，经验容易让一个人走向技术主义，变得匠气十足。

所以，我主张教师要在读书中生存，要处在真正的"读书状态"之中。这就需要我们时刻保持求知的兴趣。

为了我们的孩子，为了我们专业素养的提高，老师们，让我们在读书中生存吧！既然是站在讲台，而不是舞台，就不能戴上面具，不能唱别人编的唱词，要面对自己的学生，说真话、说心里话、说经过自己思考的话，当然也应该对自己说的话负责。我应该怀着惭愧而又幸福的心情，坚守在这小小的讲台。

教育是开发生命的事业。每一粒种子都有适合自己的土地，每一棵草都会开出自己的花朵；每一个人都可能是优秀的，每一个人都有其存在的独特的价值，每个人都各有所长。教育从本质上说，就是促进生命、美化生命、升华生命的事业。人的生命正是有赖于教育的点化和润泽，才逐步从蒙昧走向文明，从蛰伏走向觉醒。但是，这种教育效能的发挥程度究竟有多大，关键取决于作为教育者主体的教师自身能否拥有一份旺盛的、源源不竭的生命激情。

教育是造就人灵魂的教育，而非理性知识和认识的堆积。教育活动关注的是人的潜力如何最大限度地调动起来并加以实现，以及人的内部灵性与可能性如何充分生成。这样的教育，才是真正的素质教育，我们应该做这样的教师！

教育心语

我们工作中的任何不慎，都将在未来的某个时刻造成严重的后果。我们对教师职业的正确认识与社会对这一职业的误解之间的矛盾，可能会长期存在。教师作为“人类灵魂的工程师”，如果我们想要去拯救别人的灵魂，就必须先拯救自己的灵魂。

智慧教育时代的教学新思维

管理的最高境界应该是智慧管理。智慧管理的本质就是无为，管是为了不管。在管理的实践中，我们追求大智慧，即无为的管理境界。在具体管理的操作上，我们做到小智慧，即使管理富有更多哲理、更多睿智、更多生命的灵性。小智慧终究汇成大智慧。

50年的教育经历让我发现，教育家的成长途径有三条：敏于教育发展的“盲点”；勇于探索教育发展的难点；善于把握社会需要与自身优势的结合点。

应试教育虽然可以生产出一流的技术人才，却无从培养出真正的科学精神，无法造就创造未来的天才。知识不如能力，能力不如品质。当学生离开学校时，带走的不仅是知识，更重要的是对理想的追求。

学校要让孩子天性有展现的空间，智慧有表达的机会，美德在学习中扎根，梦想在勤奋中实现。一所学校看得见的是校园，看不见的是共同的价值观和师生的行为方式。学校文化是一只看不见的手，培养学生从情感开始而不是从知识开始。

教室不只是上课的地方，那是一个学生在校生活的场所。西方非常注意教室的设计，在他们的眼里教室小天地，安逸、合适最关键。他们把教室分成四个区：上课区、阅读区、游戏实验区、办公区，把学习气氛营造得轻松自然。我们不妨也学一点。

我们看到，西方国家的学生在教室里总是闹哄哄的，而在公共活动场所的他们总是那么彬彬有礼。我问过他们，他们回答：在教室里，只要不是上课，那是我们的活动空间，我们可以嬉笑玩乐，那不影响别人；而走廊、厕所等公共环境是大家的，得遵守公共道德。

我在国外游历时，当地老师使用的一种教育方法很有意思，这种方法的名字叫“温柔的惩罚”。比如，一位老师发现一个男孩有挖鼻孔的坏毛病，每次见到这名孩子挖鼻孔，她就对那孩子说：“来，你过来抱抱老师，老师累了。”原来，这句话是她和这孩子的暗语。还有诸如“你可以坐在老师的座位上”，是在婉转提示他不要“开小差”。这种充满人性化的教育方式也值得我们学习。

日本教育有一句口号：“培养负责任的一代。”所以，在日本不仅是学校，还是家庭，都特别注重培养孩子的责任感。日本高中教育的目标是“人格的完成”。这里的人格指三方面：学习的能力、强健的体魄和丰富的灵魂。

美国加州的一所小学的图书馆里有这样一幅标语：你读得越多，知道就越多；你知道越多，就会变得越聪明；你越聪明，你表达的思想或做出选择的时候，你的声音就越有力。

罗素有一句话：“教育的目的在于使人拥有幸福的人生。”我相信，不是每一朵花都在春天里开放。当我们面对孩子时，我们是否尊重了孩子成长发展的规律，是否做到了耐心的等待他的绽放？请相信我们每个孩子都是一朵花，每朵花都有属于他自己开放的季节，一旦找到了属于自己的开放季节，就会开放得无比绚丽。

教育创新从不自满开始，我常想，教育还可以怎样？我的教学应当带给学生什么？我该如何去影响学生？我应该影响学生什么？今天的教育应该为明天的学生做哪些准备？

聪明在于发散，成功在于聚焦。事业的成功没有止境，只是一场无终点的追求，从茫然到豁然，从失望到希望的过程。在这个过程中，记住不该忘记的，忘掉不该记住的，坚持不可改变的，接受应当改变的。

什么是教育质量？德国人的回答是，让学生懂得生活；英国人的回答是，不要让学习成为负担；美国人的回答是，不要试图让学生记住你传授的全部知识；芬兰人回答是，孩子在学校快乐就是质量。

中国的课堂和西方的课堂最大的差别在于，中国的教师在课堂上千方百计把有问题的学生教到没有问题，就算完成教学任务；而西方的课堂恰恰相反，他们千方百计要把没有问题的学生教到有问题才算成功。

学生问："我们何时能幸福？"幼儿园的老师说：你现在苦一点，为了将来的幸福。小学老师说：小学苦一点，你就能上好中学，你将来就幸福。中学老师说：你现在苦一点，将来考个好大学，你就幸福。大学老师说：你现在苦一点，考上研究生，你就能找到好工作，你就幸福。到了研究生院，导师说：你看看现在硕士难有好工作，你要苦一点，读了博士，再读博士后，才有好单位，你就幸福。到了工作单位，父母说：你要好好干，现在苦一点，将来有好前途，你才幸福。幸福怎么老是在明天？请问，我们何时能幸福？

于漪老师说：教在今天，想在明天；大道至简，大爱无痕。

这就是我理解的“于漪风骨。”对教师的成长，需要精神感召，学术引领，思想影响。我曾经问吕老（吕型伟），他一生中成功的经验是什么？吕老说：有两点，一是读书，博览群书，从不间断学习；二是实践思考，不断实践，不断思考。他说他最欣赏郑板桥的诗：咬定青山不放松，立根原在破岩中；千磨万击还坚劲，任尔东西南北风。

教育成就民生幸福，教育决定国家未来！教育是心灵与心灵的沟通，灵魂与灵魂的交融，人格与人格的对话。教育工作者做有勇气的知识分子。学校要成为“学问的故乡”和“精神的家园”。

目前，教育上存在的两大误区：一是“教育过度”，二是“教育不足”。知识灌输的过度、考试繁多的过度、升学压力的过度、学生负担的过度，这一切都源于“不能输在起跑线上”的误导。起跑线在哪里？有多少人真正明白？我们干预过了头又造成学生自主的严重不足，自主学习、自主生活、自主管理的不足，孩子永远也长不大。

泰戈尔曾经说：“天空没有留下翅膀的痕迹，但我已经飞过。”是的，作为一个个体，虽然我们时时会感到时代变革的阵痛，常常会品尝到快节奏生活的艰辛，并且在科技高速发展、技术不断进步的新形势下，时刻都能感受到竞争的无情、淘汰的威胁。但“竞争成就强者，淘汰促进发展”。作为年轻的一代，我们有什么理由退却，有什么理由怯懦，有什么理由逃避时代赋予我们的责任和使命？

在工作中燃烧激情，在生活中诠释生命，我们终将找到生活和工作的平衡点，生命与灵魂的支撑点。那么，让我们挥手告别曾经的困惑、曾经的无奈、曾经的迷惘和苍白。留下不灭的信念、非凡的勇气、执着的追求和对幸福的祈祷。让我们用激情来演绎生命的精彩吧！

我们知道：有文凭不一定有水平；有职称不一定能称职；有资历不一定有能力。但我们可能不知道：有智商不一定有智慧；有知识不一定有思想；有文化不一定有教养；有见解不一定有见识。

因此，教师的身上要有时代的年轮，要学会站在教育战略的制高点上思考问题；教师要有主心骨，不跟风；多一点哲学思考，多一点文化判断力；不能只埋头上课，要抬头仰望；要打造自己的精神家园。

教育心语

新时代的校长教育格局必须体现教育的时代性、专业性、情感性和草根性等生态特质，与新时代的社会发展环境、学校教育改革实践和校长的专业品性能动关联。为此，校长必须在教育实践中进行经常性的办学沉思、持续的教育理论学习及教育科研的创新实践行动，使其教育格局在新时代的教育实践中得到不断丰盈。

后记

这是一本可以放在床头案边常品常读的书。

新冠肺炎疫情在全球肆意妄为的时刻，我宅在家里，写完了《教育的智慧》一书。搁笔掩卷的时刻，脑海里回荡着祁隆的《感谢所有爱我的人》这首歌，可以很好地概括我的心情：

感谢所有爱我的人
感谢所有疼我的人
感谢一路上陪我的人
我是世界上最幸福的人
我是一个普通的人
我是一个有梦想的人
沿着儿时我想走的路
从不回头也没有悔恨
经过多少风风雨雨
流过多少委屈的泪

风雨之后才能见到彩虹
没有随随便便成功的人
感谢所有爱我的人
感谢所有疼我的人
感谢一路上陪我的人
我是世界上最幸福的人
……
……

在此书即将付梓之时，我由衷地感谢新华出版社匡乐成社长、许新总编辑的大力支持，责任编辑徐光副总编辑和刘宏森的精心编辑，尤其感谢王艳利女士的倾心付出。

感谢为此书欣然作序的老领导——曾任教育部部长助理、基础教育司司长，全国人大常委会委员、法律委员会副主任委员的李连宁先生！

感谢我的家人和所有支持我工作的亲朋好友！

感谢所有期待我的新作的读者们！

肖远骑
2022年8月